Rodolphe Landemaine

MEINE
VEGANE
BÄCKEREI

Rodolphe Landemaine

MEINE
vegane
BÄCKEREI

Von duftenden Croissants
und kräftigen Broten bis zu
cremigen Törtchen

Fotos: Pierre Javelle

Übersetzung: Ulrike Brandhorst

Vorwort

Die vegane Boulangerie

LAND & MONKEYS, das ist eine völlig neue Boulangerie im Herzen von Paris, in der ausschließlich pflanzliche Zutaten verwendet werden. Diese unkonventionelle Hochburg des Genießens verströmt Lebensfreude und steht – ganz im Sinne unserer Zeit – allen offen. Eines ihrer Grundprinzipien ist der Respekt gegenüber unserer Erde und dem Leben.

LAND & MONKEYS möchte die Liebhaber der französischen Backkunst ebenso erreichen wie neugierige Passanten, kultivierte Feinschmecker und vegane wie auch nicht vegane Genießer.

Gründer dieser Boulangerie ist Bäckermeister *Rodolphe Landemaine,* der sich von jenen Back- und Konditoreirezepten inspirieren lässt, die aus der französischen Küche nicht wegzudenken sind. Er interpretiert die wichtigsten Klassiker mit pflanzlichen Zutaten neu und folgt dabei der Devise, dass diese Kreationen noch besser schmecken sollen. Die bunten Regale von **LAND & MONKEYS** quellen über von Broten, Gebäck, Snacks, Feinkost und Getränken. Eine kleine, feine Produktpalette und ein genussversprechendes Angebot, das einen von den Freuden des guten Essens träumen lässt ... einfach alles eben, was das Bäckerhandwerk ausmacht. Für Rodolphe Landemaine repräsentiert dieser neuartige Ansatz, der Genuss, Ethik und Innovation verbindet, die Backkunst der Zukunft. Es ist ein Ansatz, der die großen Herausforderungen bewusst macht, denen die Menschheit heute gegenübersteht: Ökologie, Gesundheit und Tierwohl.

Rodolphe Landemaine

Es ist kaum möglich, die Geschichte von **LAND & MONKEYS** zu erzählen, ohne dabei den gesamten Werdegang seines Gründers zu berücksichtigen. Der 1977 geborene *Rodolphe Landemaine* bezeichnet sich selbst als »Produkt der französischen Gastronomie«. Seine Ausbildung absolvierte der Bäcker- und Konditormeister bei *Compagnons du Devoir* (der französischen Handwerkskammer) und sammelte dann Erfahrungen in renommierten Pariser Häusern wie *Ladurée, Le Bristol* und *Senderens*, bevor er mit 26 Jahren eine eigene Bäckerei eröffnete.

2005 lernte er die aus Tokyo stammende Bäckermeisterin und Ausbilderin *Yoshimi Ishikawa* kennen, die seit 2002 in Frankreich lebt. Gemeinsam eröffneten sie 2007 das *Maison Landemaine* in Paris. 2015 folgte die erste Filiale in Tokyo, 2018 in Lille und mittlerweile arbeiten für sie 250 Angestellte in 18 Filialen.

Rodolphe Landemaine erklärt, dass der Erfolg ihres Konzepts auf der Qualität der Produkte und auf der Wahrnehmung der Kundenwünsche beruht. So nimmt das Paar zum Beispiel Veränderungen vorweg, die sich erst Jahre später allgemein etablieren. 2013 führten sie eine vegetarische Produktpalette in ihren Filialen ein, auf die ein Jahr später das konsequent vegane Pendant folgte. Beflügelt von Rodolphes und Yoshimis Inspirationen wurde das *Maison Landemaine* zu einer Ideenwerkstatt.

Inhalt

DER LEITGEDANKE 8

DIE ZUTATEN 10

DIE TECHNIKEN 15

DIE GRUNDREZEPTE 29

BROTE, BRÖTCHEN & PIKANTES GEBÄCK 65

FEINGEBÄCK 101

PLÄTZCHEN, KASTENKUCHEN & CO 127

CREMIGE & FRUCHTIGE TARTES & TÖRTCHEN 149

ANHANG 169

Der Leitgedanke

VEGAN – WAS HEISST DAS EIGENTLICH?

Veganismus beruht auf der Entscheidung, keine Produkte tierischen Ursprungs mehr zu konsumieren. Das bezieht sich nicht nur auf die Ernährung, sondern auch auf Kleidung und auf Aktivitäten, die mit der Ausbeutung von Tieren einhergehen. Vegan werden bedeutet nicht, einfach nur keine Butter mehr zu essen, sondern zum Beispiel auch Zirkusse mit Wildtieren zu boykottieren. Vegan lebende Menschen streben eine Zukunft an, die mit Tierwohl, Ernährung und Ökologie im Einklang steht.
Außerdem trägt die Verbreitung des Veganismus dazu bei, die Diskriminierung von Lebewesen aufgrund ihrer Artzugehörigkeit (also das Anlegen unterschiedlicher Maßstäbe für unterschiedliche Tierarten) zu verringern.

WARUM VEGAN?

Vegan zu werden ist ein großer Schritt, der aber leicht gelingt, wenn wir entsprechend motiviert sind. Vegan zu werden ist zuallererst ein Bewusstwerden, ein Verlangen, besser zu konsumieren und achtsam gegenüber unserer Mitwelt zu agieren (Ökologie, Tierwohl), indem wir ganz gezielt entscheiden, was wir konsumieren und was auf unseren Teller kommt.

Manche werden vegan wegen möglicher positiver Auswirkungen auf ihre Gesundheit. So kann eine pflanzenbasierte Ernährung das Risiko von Herzerkrankungen, Diabetes Typ 2, Krebs und vorzeitiger Sterblichkeit mindern. Mittlerweile ist bekannt, dass ein Zusammenhang zwischen veganer Ernährung und einem geringeren Übergewicht bzw. einem geringeren BMI besteht. Zudem können die ökologischen Auswirkungen der Tierhaltung Menschen dazu bewegen, auf Produkte tierischen Ursprungs zu verzichten.

Tatsächlich stammen 65 Prozent des weltweiten Distickstoff-Monoxid-Ausstoßes (N_2O) aus der Nutztierhaltung – sowie 35 bis 40 Prozent des Methan- und neun Prozent des CO_2-Ausstoßes.

Eine pflanzenbasierte Ernährung ist gut für unseren Planeten, denn für die Pflanzenproduktion werden weniger Energie, Ackerfläche und Wasser benötigt als für die Fleischproduktion bzw. die Gewinnung anderer Produkte tierischen Ursprungs. Auf dem Weg vom landwirtschaftlichen Betrieb bis auf unseren Teller werden enorme Mengen an Pflanzenfutter benötigt, für dessen Anbau Waldflächen gerodet werden, was einen Verlust spezifischer Lebensräume und dadurch Artensterben zur Folge hat.

Zahlreiche Veganerinnen und Veganer engagieren sich auch gegen Praktiken in der Agrarindustrie wie zum Beispiel gegen das Schreddern von lebenden männlichen Küken bei der Eierproduktion.

WELCHE LEBENSMITTEL SIND VEGAN?

Es war noch nie so leicht wie heute, tierische Lebensmittel durch pflanzliche zu ersetzen. Köstliche und gesunde Alternativen gibt es in Feinkostgeschäften, Bio-Läden und Supermärkten: Müslis, Hülsenfrüchte, Kartoffeln und Getreideprodukte, Gemüse, Obst und Nüsse, aber auch verarbeitete Lebensmittel wie Tofu oder vegane Hamburger.

Außerdem gibt es ein immer reichhaltigeres Angebot sowohl an Pflanzendrinks aus Soja, Hafer, Reis oder Mandeln als auch an veganen Desserts oder veganer Eiscreme.

Und wenn Sie einmal essen gehen wollen? In fast jedem Restaurant stehen heute Reis, Salate, Kartoffeln, Nudeln oder Pilze auf der Speisekarte. Sie können aber auch ein vegetarisches Gericht mit kleinen Änderungen bestellen. Es gibt zudem immer mehr Gastronomiebetriebe, die Gerichte ohne Zutaten tierischen Ursprungs anbieten: Die Chancen stehen hier zum Beispiel in chinesischen, indischen, orientalischen und italienischen Restaurants sehr gut.

DIE VEGANE IDEE BEI LAND & MONKEYS

Die französische Küche blickt auf eine jahrhundertealte Tradition zurück. Sie verbindet die Menschen mit ihren Wurzeln und bietet ihnen kulturelle Orientierungspunkte. Aus diesem Grund reagieren manche extrem aggressiv, wenn jemand freiwillig auf Zutaten tierischen Ursprungs verzichtet. Dieser psychologische Aspekt muss respektiert werden.

Ich werde oft gefragt, wie es mir gelingt, meinen Bäckerberuf mit meinem veganen Lebensstil zu vereinbaren, so als seien diese beiden Dinge nicht kompatibel. Mit Land & Monkeys möchte ich nicht nur zeigen, dass Back- und Konditorkunst sich mit dem Veganismus vereinbaren lassen, sondern dass diese Kombination sogar eine der einfachsten und angenehmsten Arten ist, bewusster zu konsumieren.

Es geht mir darum, eine Verbundenheit zu fühlen. Wenn wir als Schwein oder Huhn geboren werden könnten, wären wir dann damit einverstanden, in Gefangenschaft zu leben, um schließlich getötet zu werden? Warum müssen wir Produkte aus Kuhmilch für Buttercroissants verwenden, wenn es bessere Alternativen gibt?

Letztendlich dürfen wir nicht vergessen, dass jeder die Freiheit besitzt, für sich selbst zu entscheiden. Jeder kann Veganismus auf seine Art leben. Wichtig ist es, sich selbst und seinen Überzeugungen treu zu bleiben.

Pflanzendrinks

Was versteht man darunter?

Pflanzendrinks lassen sich in mehrere Kategorien einteilen: Drinks aus eiweißhaltigen Pflanzen (Soja und andere Hülsenfrüchte), aus ölhaltigen Pflanzen (Walnüsse, Haselnüsse, Mandeln ...), aus Körnern und Samen (Quinoa, Hanf, Gerste, Hafer, Weizen, Dinkel, Gerste ...) sowie aus anderen Pflanzen (Kokosnuss, Sesam ...). Die Körner und Samen werden in Wasser eingeweicht und dann im Mixer püriert.

Eigenschaften

Sojadrink enthält mehr Folsäure als Kuhmilch (wichtig für diverse Wachstums- und Stoffwechselprozesse) und ist außerdem sehr proteinreich (8 g / 240 ml). Mandeldrink enthält weniger Proteine, ist dafür jedoch reich an Kohlenhydraten.

Entsprechung

In Rezepten einfach Kuhmilch durch die entsprechende Menge an Pflanzendrink ersetzen.

Tipps

Rohstoffe in Bio-Qualität verwenden, um ein möglichst gesundes Endprodukt zu bekommen.
Für mehr Aroma Nüsse leicht anrösten und unterschiedliche Sorten nach Belieben mischen.
Um dem Ganzen einen runden Geschmack zu verleihen, kann z. B. ein Löffel Dicksaft oder Ähnliches hilfreich sein.

Aufbewahrung

Der Pflanzendrink kann bis zu drei Tage lang in einer Glasflasche oder einem anderen geschlossenen Gefäß im Kühlschrank aufbewahrt werden.

REZEPT FÜR EINEN LITER NUSS- ODER MANDELDRINK

100 g Nüsse oder Mandeln (alternativ 120 g für mehr Geschmack)
1 l stilles Wasser

EINWEICHZEIT

Mandeln und Haselnüsse: 12 STUNDEN
Pekannüsse: 8 STUNDEN
Andere Nüsse (Walnüsse, Cashewnüsse, Paranüsse): 3 STUNDEN
Kürbis-/Sonnenblumenkerne: 4 STUNDEN
ZUBEREITUNGSZEIT: 10 MINUTEN

Die Schalenfrüchte entsprechend lang in kaltem Wasser einweichen und anschließend ungefähr vier Minuten im Mixer pürieren. Dabei immer wieder pausieren, damit das Getränk nicht zu stark erhitzt wird. Die Mischung dann mit einer Kochkelle durch ein Spitzhaarsieb streichen, bis keine Flüssigkeit mehr im Sieb vorhanden ist.
Die Nuss- oder Mandelteile, die im Sieb verbleiben, können weiterverwendet werden (zum Beispiel beim Kuchenbacken).

VARIANTE

Für einen Kokosdrink das grob zerkleinerte Fleisch einer Kokosnuss im Mixer mit einem Liter kochend heißem Wasser solange pürieren, bis die Mischung eine sahnige Konsistenz hat.

REZEPT FÜR EINEN LITER SOJA-DRINK

150 g gelbe Sojabohnen
1½ l Wasser zum Einweichen
1 l stilles Wasser

EINWEICHZEIT: 2 TAGE
ZUBEREITUNGSZEIT: 10 MINUTEN

Die Sojabohnen zwei Tage lang in kaltem Wasser einweichen: Dazu die Bohnen in eine ausreichend große Schüssel geben, das Wasser zugießen und die Schüssel abdecken. Das Gefäß sollte maximal zu drei Vierteln gefüllt sein. Da die Sojabohnen stark aufquellen, darauf achten, die Schüssel nicht bis zum Rand mit Wasser zu füllen. Die eingeweichten Bohnen durch ein Sieb abgießen und mit dem stillen Wasser ungefähr vier Minuten im Mixer pürieren. Dabei immer wieder pausieren, damit das Getränk nicht zu stark erhitzt wird. Die Mischung dann mit einer Kochkelle durch ein Spitzhaarsieb streichen, bis keine Flüssigkeit mehr im Sieb vorhanden ist.
Die Reste der Sojabohnen, die im Sieb verbleiben, werden als »Okara« bezeichnet und können weiterverwendet werden (zum Beispiel beim Kuchenbacken).

Aquafaba

Was versteht man darunter?

Hier steht *Aqua* für »Wasser« und *faba* für »Bohne«. Aquafaba ist also die Bezeichnung für die dickflüssige und proteinreiche Flüssigkeit aus Kichererbsenkonserven.

Verwendung und Entsprechung

Aquafaba ersetzt die gleiche Menge an Eiweiß und eignet sich hervorragend als Bindemittel.

Es lässt sich wie Eischnee fest aufschlagen und kann für die Zubereitung von Meringen, Zitronentartes, Macarons, Biskuits und Mousses au Chocolat verwendet werden.

Aquafaba muss allerdings sehr lange aufgeschlagen werden, damit es steif wird.

Wie kommt man dran?

Am einfachsten ist es, das Abtropfwasser von Kichererbsen aus der Dose oder dem Glas als Eiweißersatz zu verwenden.

Wer Kichererbsen selbst weichkocht, der fängt das Kochwasser auf und kocht es solange ein, bis eine sirupartige, feste und dickflüssige Mischung entsteht. Alternativ lässt sich auch das Kochwasser anderer Hülsenfrüchte wie zum Beispiel Kidneybohnen oder Linsen verwenden.

Tipp

Aquafaba in einem Eiswürfelbehälter portionsweise einfrieren und immer nur die benötigte Menge auftauen.

Aufbewahrung

Aquafaba hält sich abgedeckt eine Woche im Kühlschrank oder zwei Monate im Eisschrank.

REZEPT FÜR 300 ML AQUAFABA AUS KICHERERBSEN

200 g getrocknete Kichererbsen
Einweichwasser
600 ml stilles Wasser

EINWEICHZEIT: 24 STUNDEN
KOCHZEIT: 1 ¾ STUNDEN

Die Kichererbsen 24 Stunden in reichlich kaltem Wasser einweichen. Anschließend durch ein Sieb abgießen und gründlich darin abspülen. Dann mit frischem Wasser in einem Topf aufsetzen und bei mittlerer Hitze ungefähr 90 Minuten kochen.

Danach die Kichererbsen durch ein Sieb in ein Gefäß gießen, um das Kochwasser aufzufangen. Den Sud bei starker Hitze einkochen, bis sich sein Volumen halbiert hat.

Diese dickflüssige Mischung kann bis zur Verwendung in geschlossenen Einmachgläsern aufbewahrt werden, die zuvor mit kochendem Wasser sterilisiert werden sollten.

Pflanzenöle und -fette

Was versteht man darunter?

Das sind Öle und Fette pflanzlichen
Ursprungs, z. B. aus Raps, Trauben-
kernen oder Kakao. Sie machen den
Teig locker, den Blätterteig luftig und
sorgen für eine cremige Textur.

Verwendung und Entsprechung

Vegane Margarine kann auf die gleiche
Art und im gleichen Mengenverhält-
nis verwendet werden wie Butter.
Kakaobutter wird vor allem bei der
Zubereitung von Cremes eingesetzt,
während Öle eher zum Kuchenbacken
geeignet sind.

Wie kommt man dran?

Die meisten Margarinen und Öle gibt
es im Discounter, die wenigsten davon
sind jedoch auch vegan. Kakaobutter
findet man inzwischen in den meisten
Supermärkten, in Feinkostgeschäften
oder Bio-Läden.
Außerdem lässt sich vegane Margarine
einfach selbst herstellen (siehe S. 38).

1

DIE TECHNIKEN

Kneten mit der Küchenmaschine

WAS VERSTEHT MAN DARUNTER?
Das Vermischen sämtlicher Teigzutaten mit Hilfe einer Küchenmaschine. Ein reißfester Teig gelingt auf diese Weise sehr viel einfacher, als wenn man ihn mit der Hand knetet.

DARUM WIRD'S GEMACHT
Luft gelangt in den Teig, so wird die Hefe aktiviert und kann sich entwickeln: Das ist die »aerobe« Phase.
Es entsteht ein fester Teig: Kneten ist eine der Möglichkeiten, um die Klebereiweiße zu einem Teiggerüst zu verbinden. Dadurch gewinnt der Teig an Festigkeit und kann nun in die Stockgare übergehen.

ZUBEREITUNGSZEIT:
10 MINUTEN

1. Sämtliche Zutaten in die Schüssel einer Küchenmaschine mit Knethaken füllen.

2. QUELLKNETUNG
Die Zutaten auf niedrigster Stufe vier Minuten lang vermischen. Dieses erste Kneten muss langsam erfolgen, damit sich die Zutaten gut zu einer homogenen Masse verbinden können.

3. INTENSIVKNETUNG
Im Anschluss eine Stufe höher schalten und ungefähr sechs Minuten weiterkneten, bis ein glatter, homogener Teig entsteht, der sich von der Schüsselwand löst. Dieses zweite Kneten erfolgt bei mittlerer Geschwindigkeit. Dabei kann sich das Teiggerüst bilden und Luft aufnehmen. Mit Hilfe eines Thermometers sicherstellen, dass der Teig dabei eine Temperatur zwischen 23 und 24 °C hat.
Ist der Teig zu fest, einfach noch etwas Wasser einkneten, das aber nur löffelweise dazukommen darf.

4. SO SOLL ES AM ENDE AUSSEHEN
Der Teig ist fertig, wenn er sich vom Rand der Schüssel löst. Er muss glatt, homogen, elastisch und reißfest sein und darf nicht kleben.

TIPPS
Bei einer kurzen Knetzeit bleiben die Aromen des Mehls erhalten, aber das Teiggerüst kann sich nicht optimal entwickeln. Daher ist es wichtig, den Teig anschließend lange ruhen zu lassen und zwischendurch zu falten, damit er wieder Festigkeit gewinnt.
Das ist eine gute Lösung für rustikale Brote, die einen typischen Geschmack haben.
Bei einer langen Knetzeit gewinnt der Teig zwar an Festigkeit, verliert jedoch an Geschmack. Hier ist nur eine kurze Teigruhe nötig, da der Teig nicht an Festigkeit gewinnen muss. Diese Technik eignet sich zum Beispiel für Baguettes, die einen neutralen Geschmack und eine großporige Krume haben sollen.

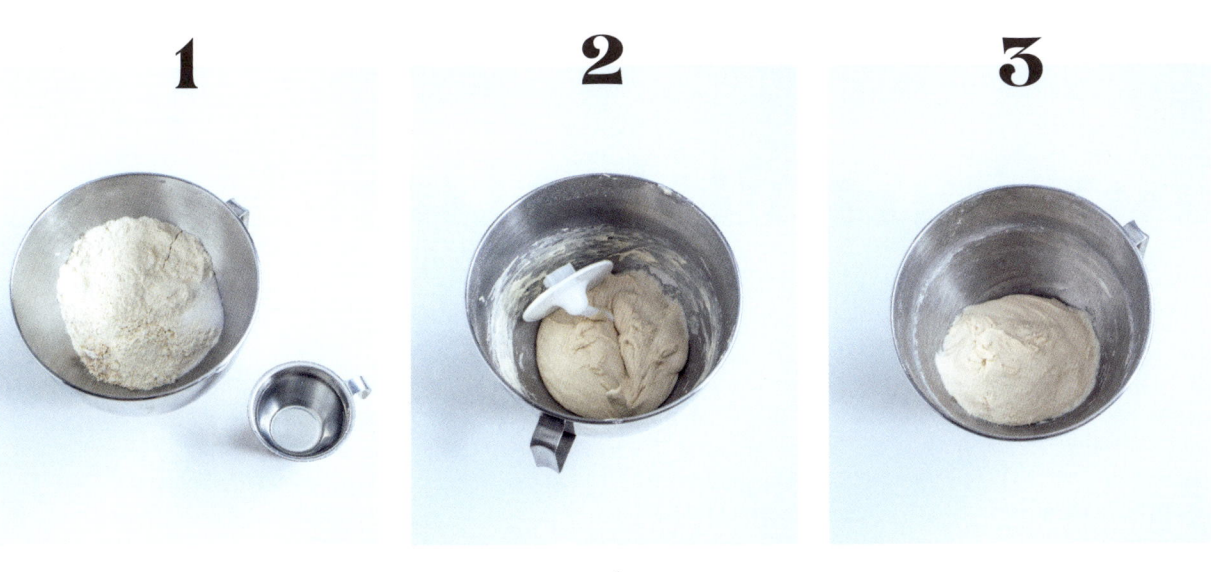

Kneten mit der Hand

WAS VERSTEHT MAN DARUNTER?
Das Verkneten sämtlicher Zutaten mit der Hand.

DARUM WIRD'S GEMACHT
Luft gelangt in den Teig, so wird die Hefe aktiviert und kann sich entwickeln: Das ist die »aerobe« Phase.
Es entsteht ein fester Teig: Kneten ermöglicht es den Klebereiweißen, sich zu einem Teiggerüst zu verbinden. Dadurch gewinnt der Teig Festigkeit und kann nun in die Stockgare übergehen.

Zubereitungszeit: ¼ STUNDE

1. QUELLKNETUNG
Salz und Hefe in einer Schüssel mit Wasser auflösen. Das Mehl auf eine Arbeitsfläche häufeln und eine Mulde für die Flüssigkeit bilden. Hefemischung hinein füllen und anschließend alle Zutaten gründlich verkneten.

2. TEILEN UND WIEDER ZUSAMMENFÜGEN
Aus dem gesamten Teig ein grobes Rechteck formen. Ein Viertel davon abtrennen, dabei an der linken Seite des Rechtecks beginnen und das abgetrennte Stück dann an der rechten Seite des Rechtecks wieder ankleben. Diesen Vorgang ungefähr drei Minuten wiederholen. Dabei wird das Gluten gedehnt und der Teig gewinnt an Elastizität.

3·4·5. ABSCHLAGEN UND FALTEN
Den Teig, je nach Menge auch portionsweise, mit Wucht auf die Arbeitsplatte schlagen (dadurch wird Kohlendioxid aus dem Teig entfernt). Danach den Teig so falten, dass möglichst viel Luft darin eingeschlossen wird. Mit Hilfe eines Thermometers sicherstellen, dass der Teig zwischen 23 und 24°C hat.

6. SO SOLL ES AM ENDE AUSSEHEN
Der Teig ist fertig, wenn er glatt, homogen, elastisch und reißfest ist und nicht mehr klebt. Nach dem Kneten ein kleines Stück Teig abnehmen und mit den Fingern so weit auseinander ziehen, dass er schon leicht durchscheinend ist (Fenstertest): Der Teig ist richtig, wenn er dabei nicht reißt, sich das Gluten also gut entwickelt hat.

1

2

3

4

5

6

Erste Reifephase und Falten

WAS VERSTEHT MAN DARUNTER?
Das mehrmalige Falten des Teigs, um ihm wieder Festigkeit zu geben, was auch als Aufarbeiten des Teigs bezeichnet wird.

PRINZIP
Während der Aufarbeitung des Teigs verlangsamt sich die Hefeaktivität nach und nach. Durch das Falten des Teigs geschieht Folgendes:

1. Überschüssiges Kohlendioxid, das in den Hefezellen bei Ihrer Tätigkeit gebildet wird, wird herausgeholt, sodass der Reifeprozess durch frischen Sauerstoff wieder in Gang kommt.

2. Das Teiggerüst wird neu aufgebaut: Wenn der Teig sehr dehnbar ist, gewinnt er durch Falten an Elastizität und Festigkeit und kann nun weiter reifen.

1 · 2 · 3 · 4. Den Teigling auf eine bemehlte Arbeitsfläche legen und von allen vier Außenseiten zur Mitte hin einfalten.

5 · 6. Den Teigling mit dem Schluss (der Nahtstelle, die beim Falten des Teigs entstanden ist) nach unten wieder zur Seite legen.

Den Teig während dieser ersten Teigruhe (sog. Stockgare) ein bis zwei Mal falten.

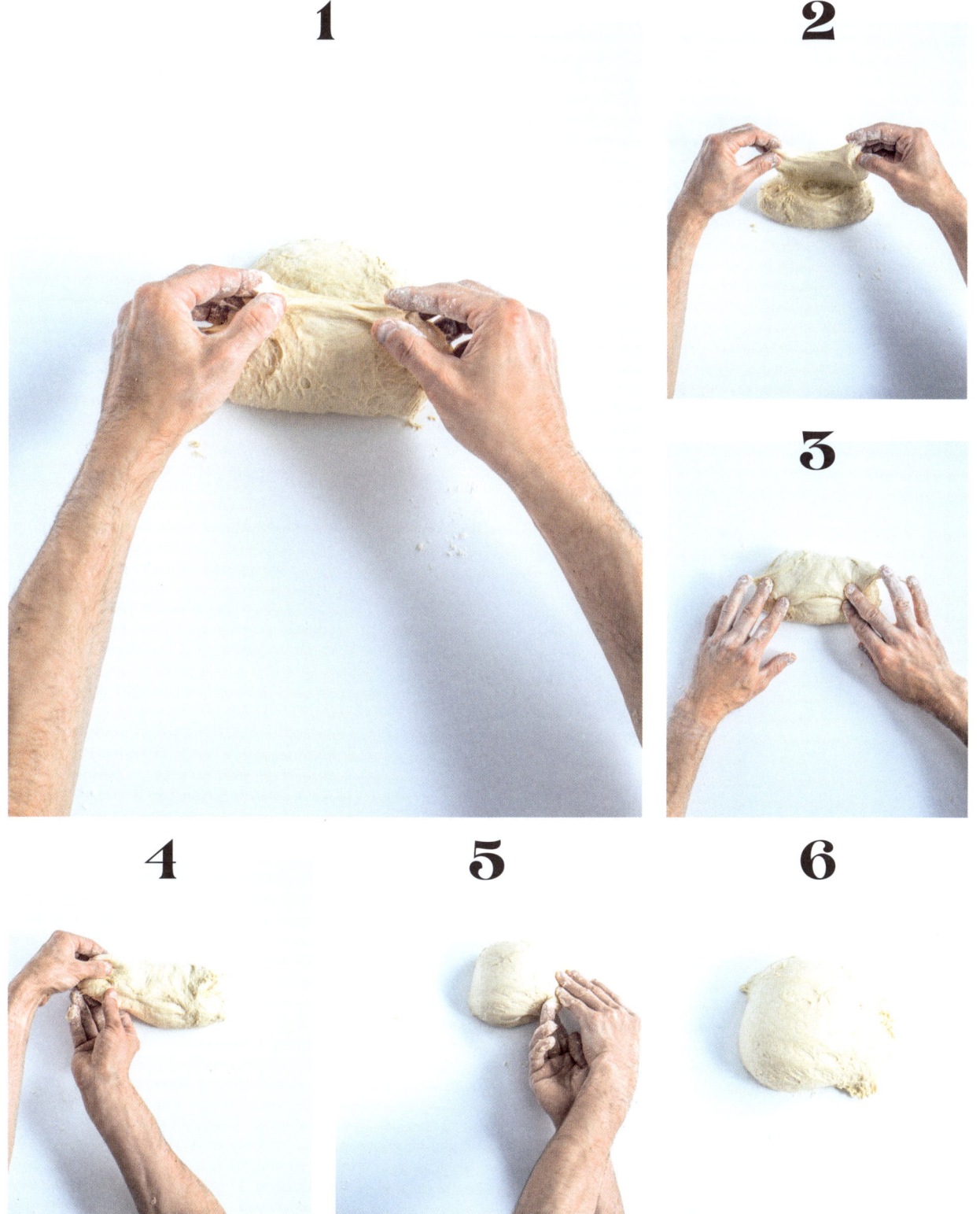

Rundschleifen und zweite Reifephase

WAS VERSTEHT MAN DARUNTER?
Die Vorbereitung des Teigs (eventuell nachdem dieser zuvor gewogen wurde) und die anschließende zweite Teigruhe (sog. Stückgare) bis zur Fertigstellung des Teigs für runde Brote oder Brötchen. Während dieser zweiten Reifephase kann sich das Teiggerüst lockern. Dadurch wird die Bearbeitung erleichtert und ein Reißen des Teigs vermieden.

ZUBEREITUNG:
15 BIS 40 MINUTEN

RUNDSCHLEIFEN
Den Teigling mit dem Schluss (siehe S. 20) nach oben auf eine leicht bemehlte Arbeitsfläche setzen.
Dann vom äußeren Rand jeweils mit den Fingern der einen Hand ein Stück Teig zur Mitte hin ziehen. Dieses mit dem Zeigefinger der anderen Hand festdrücken, damit es nicht zurückrutschen kann. So einmal rundum weiter verfahren, damit die Teighaut gedehnt und glatt wird, dabei fixiert der Finger das Teigstück immer in der Mitte. Die Teigkugel danach umdrehen und mit der einen Hand jeweils eine Viertelumdrehung weiter führen, während die andere Hand den Teig mittels leicht drehender Walkbewegung rund schleift; die Arbeitsfläche hilft dabei mit. Etwa drei Mal wiederholen, bis die Teigkugel fester wird und eine glatte Oberfläche bekommt.

WARUM DARF DER TEIG AUF KEINEN FALL REISSEN?
Wenn der Teig reißt, treten die Gase aus, die für die Lockerheit des Teigs sorgen. Das hat zur Folge, dass der Teig nicht weiter aufgeht und das Brot zu fest wird.

JETZT KANN DER TEIG RUHEN
Wenn der Teig bei der Bearbeitung nicht reißt und so dehnbar ist, dass er sich ohne Widerstand auseinanderziehen lässt, kann er bei Zimmertemperatur mit dem Schluss nach unten entweder auf einer leicht bemehlten Arbeitsfläche unter einem Geschirrtuch, in einer abgedeckten Schüssel oder in einem runden Gärkörbchen ruhen.

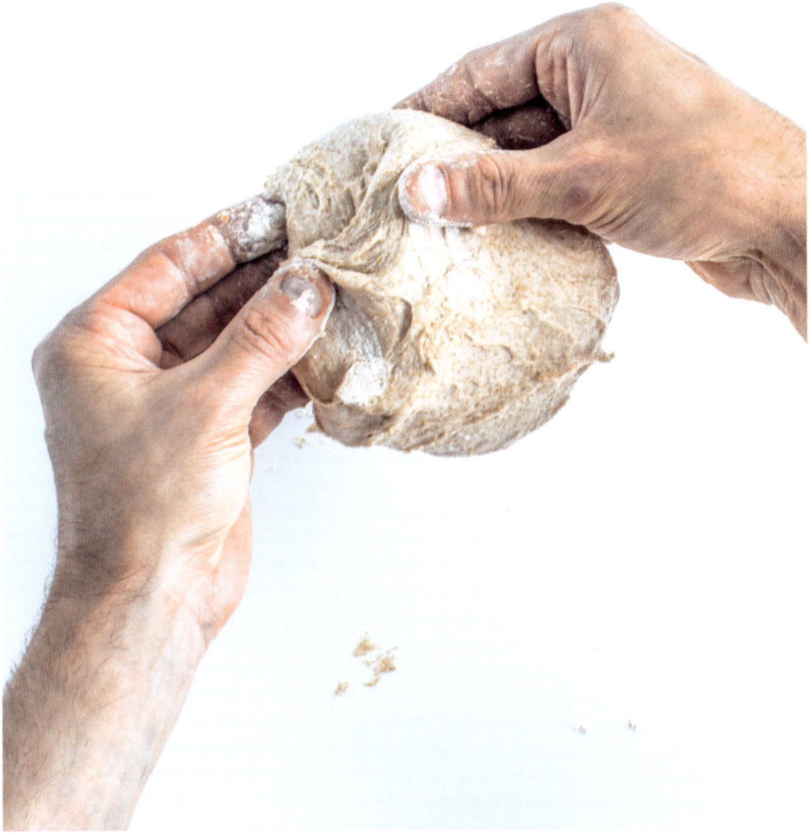

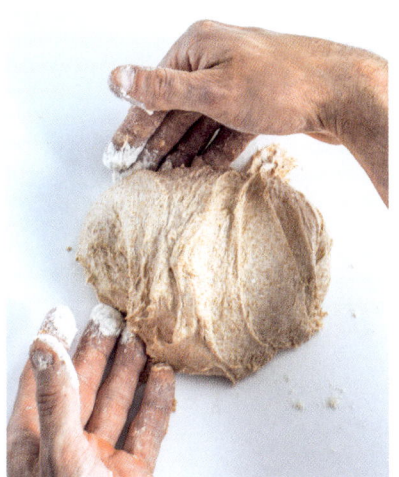

Langwirken und zweite Reifephase

WAS VERSTEHT MAN DARUNTER?
Die Vorbereitung des Vorteigs (eventuell nachdem dieser zuvor gewogen wurde) und die anschließende Stückgare zwischen den drei Bearbeitungsschritten (Kneten, Dehnen und Falten, Rundschleifen) bis hin zur Fertigstellung des Teigs für Stangen- oder Kastenbrote. Während der Reifephase kann sich das Teiggerüst lockern. Dadurch wird die Bearbeitung erleichtert und ein Reißen des Teigs vermieden.

ZUBEREITUNG:
15 BIS 40 MINUTEN

LANGWIRKEN

1. Den runden Teigling mit der glatten Seite nach unten und dem Schluss nach oben auf die leicht bemehlte Arbeitsfläche legen und etwas flach drücken, damit er länglich oval wird.

2. Nun den Teigling der Länge nach zusammenfalten: Dazu die Daumen links und rechts mittig auf das Teigstück legen und mit Hilfe der Finger die hinten liegende, lange Seite darüber klappen und mit den Fingern in den Teig drücken. Diesen Faltvorgang drei Mal ausführen.

3. Zum Verschließen der »Naht« wieder die Teighaut dehnen und darüberziehen, die Finger der anderen Hand helfen dabei, die Teighaut über der Naht zu fixieren.

4. Abschließend noch beide Hände auf das längliche Teigstück legen und mit einer leicht schiebenden Bewegung zu einer Rolle formen, bis sie die gewünschte Länge erreicht hat, die Teigoberfläche wieder straff ist und das Teigstück dadurch Festigkeit bekommen hat.

BÂTARDS FORMEN
Die Bearbeitung mit Schritt 3 beenden und den Teigling ohne zu Rollen von Hand noch in eine Bâtard-Form bringen; diese Brote sind an den Enden spitzer und in der Mitte dicker.

WARUM DARF DER TEIG AUF KEINEN FALL REISSEN?
Wenn der Teig reißt, treten die Gase aus, die für die Lockerheit des Teigs sorgen. Das hat zur Folge, dass der Teig nicht weiter aufgeht und das Brot zu fest wird.

JETZT KANN DER TEIG RUHEN
Der Teig kann ruhen, wenn er bei der Bearbeitung nicht reißt und so dehnbar ist, dass er sich ohne Widerstand auseinanderziehen lässt

SO KANN DER TEIG REIFEN
Bei Zimmertemperatur mit dem Schluss nach unten entweder auf einer leicht bemehlten Arbeitsfläche unter einem Geschirrtuch, in einer abgedeckten Schüssel oder in einem länglichen, bemehlten Gärkorb reifen lassen.

Backen

VOR DEM BACKEN

Den Backofen mitsamt Backblech oder Backstein vorheizen, um eine optimale Wärmeausstrahlung während des Brotbackens zu gewährleisten.

Ein hitzebeständiges Gefäß mit kochendem Wasser in den Backofen stellen; so geht das Brot gut auf und wird schön braun.

Vor dem Backen muss der Brotteig noch ein oder mehrmals eingeschnitten werden, damit der Dampf während des Backens aus ihm entweichen kann.

WÄHREND DES BACKENS

1. Das Brot geht auf: Die Hitze im Backofen sorgt dafür, dass sich das im Teig enthaltene Kohlendioxid ausdehnt, bis das Brot seine endgültige Größe erreicht.

2. Kruste und Krume bilden sich: Die im Teig enthaltene Feuchtigkeit und Kohlendioxid können entweichen (dazu ist das vorherige Einschneiden hilfreich). Sobald das Brot eine Temperatur von 100°C erreicht hat, geht es nicht weiter auf.

3. Die Kruste verfestigt sich: Die vollständige Karamellisierung der verschiedenen Zucker erfolgt, was der Kruste ihre Farbe und dem Brot seine typischen Aromen verleiht.

NACH DEM BACKEN: DAS ABKÜHLEN

Nach dem Backen muss das Brot abkühlen. Wasserdampf, CO_2 und Alkohol verflüchtigen sich aus der Krume, die beim Trocknen gleichzeitig wieder Feuchtigkeit aus der Umgebung aufnimmt.

Das Brot auf ein Abkühlgitter legen, bis es vollständig erkaltet ist (bei kleineren Broten dauert das eine halbe Stunde, bei größeren Broten ist mit mehreren Stunden zu rechnen).

DIE HALTBARKEIT

Nach dem Abkühlen wird das Brot nach und nach trockener. Bei kleinen Broten und Baguettes vollzieht sich dieser Prozess von Anfang an sehr schnell und sie werden rasch altbacken. Bei größeren Broten wird er erst mit der Zeit immer schneller.

UNERWÜNSCHTES ERGEBNIS

Eine klebrige, teigige Krume und eine geschmacklose, lasche Kruste.

ERWÜNSCHTES ERGEBNIS

Eine knusprig-braune Kruste und ein fester Boden. Die Krume darf nicht mehr feucht sein.

2

DIE GRUNDREZEPTE

Sauerteigansatz aus Weizenmehl

ZUBEREITUNG: 20 MINUTEN
GÄRZEIT: 10 TAGE

Zum Ansetzen des Sauerteigs:
100 g Weizenmehl, Type 550,
    in Bio-Qualität
100 g Wasser (50 °C)
10 g naturtrüber, veganer Apfelsaft
    in Bio-Qualität

Zum Füttern jeweils:
100 g Wasser (50 °C)
100 g Weizenmehl, Type 550,
    in Bio-Qualität

Zum Haltbarmachen:
200 g Weizenmehl, Type 812 oder 1050
100 g Wasser (50 °C)

Tag 1 ANSETZEN DES SAUERTEIGS

In einer Schüssel Mehl, warmes Wasser und Apfelsaft mit einem Schneebesen vermischen.
Die Mischung anschließend in einem luftdicht verschlossenen Gefäß bei einer Temperatur von mindestens 25 °C (z. B. auf dem Kühlschrank oder der Heizung) 48 Stunden ruhen lassen.

Tag 3 ERSTES FÜTTERN

Wenn sich die ersten Bläschen bilden, 100 g des Sauerteigs abmessen und in eine Schüssel umfüllen, 100 g Wasser und 100 g Mehl hinzufügen. Alles gut mit einem Stielteigschaber vermischen und den Teig abgedeckt 36 Stunden in warmer Umgebung ruhen lassen.

Tag 5

Den Vorgang des Fütterns wiederholen und den Teig noch einmal 36 Stunden abgedeckt in warmer Umgebung ruhen lassen.

Tag 6 oder 7

Den Vorgang des Fütterns ein weiteres Mal wiederholen und den Teig erneut 36 Stunden abgedeckt in warmer Umgebung ruhen lassen.

Tag 8 oder 9 HALTBARMACHUNG

100 g des flüssigen Sauerteigs abnehmen, in die Schüssel einer Küchenmaschine mit Knethaken füllen und das Mehl sowie das warme Wasser hinzufügen. Alle Zutaten fünf Minuten lang auf niedrigster Stufe verkneten (siehe S. 16) und den Sauerteig dann 24 Stunden in einem luftdicht verschließbaren Gefäß im Kühlschrank ruhen lassen. Wenn er sich zu einer hellgrauen, trockenen Masse entwickelt hat, ist das sogenannte Anstellgut zum Einsatz bereit.

Der Sauerteig hält sich am besten in einem dicht schließenden Einmachglas im Kühlschrank. Allerdings muss er mindestens ein Mal pro Woche gefüttert werden, damit er aktiv bleibt. Jeder Sauerteig verhält sich anders, daher immer gut beobachten und bei Bedarf füttern. Entwickelt sich ein fauliger Geruch oder eine grünliche oder schwarze Farbe, dann muss der Sauerteigansatz entsorgt und neu angesetzt werden.

T1

T3

T5

T8

T9

Sauerteigansatz aus Roggenmehl

ZUBEREITUNG: 10 MINUTEN
GÄRZEIT: 10 TAGE

Zum Ansetzen des Sauerteigs
120 g Roggenmehl, Type 1740,
    in Bio-Qualität
100 g Wasser (50 °C)
10 g naturtrüber, veganer Apfelsaft
    in Bio-Qualität

Zum Füttern jeweils
100 g Wasser (50 °C)
120 g Roggenmehl, Type 1740,
    in Bio-Qualität

Zum Haltbarmachen
240 g Roggenmehl, Type 1740,
    in Bio-Qualität
100 g Wasser (50 °C)

Tag 1 ANSETZEN DES SAUERTEIGS

In einer Schüssel Mehl, warmes Wasser und Apfelsaft mit einem Schneebesen vermischen.
Die Mischung anschließend in einem luftdicht verschlossenen Gefäß bei einer Temperatur von mindestens 25 °C (z. B. auf dem Kühlschrank oder der Heizung) 48 Stunden ruhen lassen.

Tag 3 ERSTES FÜTTERN

Wenn sich die ersten kleinen Bläschen bilden, 100 g des Sauerteigs abmessen und in eine Schüssel umfüllen. 100 g Wasser und 120 g Mehl hinzufügen. Alles gut mit einem Stielteigschaber vermischen und den Teig abgedeckt 36 Stunden in warmer Umgebung ruhen lassen.

Tag 5

Den Vorgang des Fütterns wiederholen und den Teig noch einmal 36 Stunden abgedeckt in warmer Umgebung ruhen lassen.

Tag 6 oder 7

Den Vorgang des Fütterns ein weiteres Mal wiederholen und den Teig erneut 36 Stunden abgedeckt in warmer Umgebung ruhen lassen.

Tag 8 oder 9 HALTBARMACHUNG

100 g des flüssigen Sauerteigs abnehmen, in die Schüssel einer Küchenmaschine mit Knethaken füllen und das Mehl und das warme Wasser hinzufügen. Alle Zutaten fünf Minuten lang auf niedrigster Stufe verkneten (siehe S. 16) und den Sauerteig dann 24 Stunden in einem luftdicht verschließbaren Gefäß im Kühlschrank ruhen lassen. Wenn er sich zu einer gräulichen, trockenen Masse entwickelt hat, ist das Anstellgut zum Einsatz bereit.

Damit das Anstellgut aktiv bleibt, muss es alle zwei bis drei Tage gefüttert werden: 200 g Roggenmehl und 100 g warmes Wasser (50 °C) hinzufügen und das Ganze 24 Stunden ruhen lassen.
Den Sauerteig wie auf Seite 30 beschrieben aufbewahren.

Sauerteigansatz aus Reismehl

ZUBEREITUNG: 10 MINUTEN
GÄRZEIT: 10 TAGE

Für den Gärsaft
1 l lauwarmes Wasser (30 °C)
30 g Vollrohrzucker in Bio-Qualität
200 g Rosinen in Bio-Qualität

Tag 1
300 g Gärsaft
200 g Reismehl

Tag 2
400 g der Mischung des ersten Tags
100 g Gärsaft
100 g Reismehl

Tag 3
560 g der Mischung des zweiten Tags
140 g Gärsaft
140 g Reismehl

Eine Woche im Voraus

Der Gärsaft benötigt eine Gärzeit von vier bis fünf Tagen: Das lauwarme Wasser und den Rohrzucker in einem Einmachglas vermischen. 200 g Rosinen dazugeben und gut umrühren. Das Einmachglas abdecken oder verschließen und bei Zimmertemperatur stehen lassen. Nach vier bis fünf Tage bilden sich Bläschen und die Mischung bekommt einen alkoholischen Geruch. Täglich einmal verrühren.
Wenn der Saft fertig ist, durch ein Sieb abgießen und die Rosinenreste herausfiltern. Der Gärsaft lässt sich sehr gut im Kühlschrank oder im Gefrierfach aufbewahren.

Tag 1

Das Reismehl und den Gärsaft mit Hilfe eines Schneebesens in einer Schüssel vermischen oder im Behälter der Küchenmaschine glattrühren. Die Mischung anschließend bei Zimmertemperatur ruhen lassen, bis sich ihr Volumen verdoppelt hat. Danach abgedeckt bis zum nächsten Tag im Kühlschrank aufbewahren.

Tag 2

Die Zubereitung vom Vortag mit dem Reismehl und dem Gärsaft mit Hilfe eines Schneebesens in einer Schüssel vermischen oder im Behälter der Küchenmaschine verrühren.
Die Mischung abgedeckt bei Zimmertemperatur ruhen lassen, bis sich ihr Volumen verdoppelt hat. Anschließend abgedeckt bis zum nächsten Tag im Kühlschrank aufbewahren.

Tag 3

Die Zubereitung vom Vortag wieder mit dem Reismehl und dem Gärsaft mit Hilfe eines Schneebesens in einer Schüssel vermischen oder sie im Behälter der Küchenmaschine verrühren.
Die Mischung anschließend bei Zimmertemperatur ruhen lassen, bis sich ihr Volumen verdoppelt hat.
Wenn sich der Sauerteig zu einer hellgrauen, trockenen Masse entwickelt hat, ist er zum Einsatz bereit.

Damit das Anstellgut aktiv bleibt, sollte der Sauerteigansatz alle zwei bis drei Tage gefüttert werden.

Sauerteig

AUTOLYSE: 1 STUNDE
KNETZEIT: 10 MINUTEN
AUFARBEITUNGSZEIT: 1 ½ STUNDEN
RUHEZEIT IM KÜHLEN: 12 STUNDEN

━━━◀◀◀◀━━━

Für 1 kg Sauerteig
430 g Mehl aus alten Getreidesorten,*
    Type 1200
322 g Wasser + 22 g Wasser zum Ein-
    arbeiten (Fachbegriff: Bassinage-
    Wasser)
11 g Salz**
2 g frische Bäckerhefe
215 g trockener Sauerteig (Anstellgut)

1. Vorbereitung (Fachbegriff: Autolyse, siehe S. 40): Das Mehl mit dem Wasser auf niedrigster Stufe im Behälter einer Küchenmaschine mit dem Knethaken vermischen und danach eine Stunde abgedeckt darin ruhen lassen.

2. Die Mehl-Wasser-Mischung mit dem Salz, der Hefe und dem Sauerteig acht Minuten auf niedrigster Stufe in einer Küchenmaschine mit dem Knethaken verkneten (siehe S. 16). Das Bassinage-Wasser in drei Schritten hinzufügen und insgesamt zwei Minuten auf mittlerer Stufe kneten, bis alles vollständig verbunden ist. Der Teig muss sich von der Schüsselwand lösen. (Für die Knetung von Hand, siehe S. 18.)

3. Mithilfe eines Thermometers sicherstellen, dass die Teigtemperatur zwischen 22 und 25 °C liegt. Sollte der Teig zu warm werden, einfach abgedeckt samt Schüssel für kurze Zeit in den Kühlschrank stellen.

4. Der Sauerteig ist dann ohne weitere Bearbeitung für weitere Rezepte verwendbar, sollte jedoch noch am selben Tag verarbeitet werden.

SAUERTEIGBROT
Den obigen Teig 40 Minuten ruhen lassen. Dann von zwei Seiten so übereinander schlagen, dass sich drei Lagen übereinander befinden (dehnen und falten). Den Teig anschließend weitere 40 Minuten ruhen lassen.
Nun wie auf Seite 22 beschrieben rundwirken und zu einer glatten Kugel formen.
Den Teig abgedeckt über Nacht im Kühlschrank oder zwei Stunden bei Zimmertemperatur ruhen lassen.
Den Teigling mit Hilfe eines Siebs bemehlen. Die Teigoberfläche in Form eines Quadrats mit überlaufenden Kanten einschneiden und dann 30 bis 35 Minuten im vorgeheizten Ofen bei 250 °C backen (Hinweise S. 26).

*   *z. B. Einkorn, Emmer, Urdinkel/Dinkel, Rotkorn- oder Gelbmehlweizen, Kamut/Khorasan etc.*
** *kein Jodsalz, das verhindert durch seine antibakterielle Wirkung die Sauerteigentwicklung*

Selbst gemachte Margarine

ZUBEREITUNG: ¼ STUNDE
RUHEZEIT IM KÜHLEN: 1 STUNDE

Für ca. 1 kg Margarine
320 g Kakaobutter
240 g Wasser
20 g Sojalecithin
560 g Traubenkernöl

1. Die Kakaobutter in einem Topf bei 40–50 °C Hitze verflüssigen (evtl. über einem heißen Wasserbad).

2. Das Wasser und das Sojalecithin in einer Schüssel mit einem Schneebesen vermischen und unter ständigem Rühren nach und nach das Öl dazugeben.

3. Dann behutsam die flüssige Kakaobutter unterrühren.

4. Sobald eine homogene Masse entstanden ist, in eine Form oder direkt in einen luftdicht verschließbaren Behälter umfüllen. Mindestens eine Stunde im Kühlschrank ruhen lassen, bis die Margarine fest ist.
In einem luftdicht verschließbaren Gefäß kann die Margarine bis zu zwei Wochen im Kühlschrank aufbewahrt werden.

Einfacher Basisteig

AUTOLYSE: 1 STUNDE
KNETZEIT: 10 MINUTEN
AUFARBEITUNGSZEIT: 1½ STUNDEN
RUHEZEIT IM KÜHLEN: 12 STUNDEN

Für 1 kg Teig
565 g Weizenmehl, Type 812
400 g Wasser + 22 g Wasser zum
    Einarbeiten (Bassinage-Wasser,
    siehe S. 36)
11 g Salz
2 g frische Bäckerhefe

1. Vorbereitung wie für Sauerteig auf Seite 36 (Autolyse*): Das Mehl und das Wasser auf niedrigster Stufe in einer Küchenmaschine mit Knethaken vermischen und eine Stunde abgedeckt darin ruhen lassen.

2. Salz und Hefe dazugeben und zunächst alles vier Minuten auf niedrigster Stufe verkneten (siehe S. 16). Anschließend sechs Minuten auf mittlerer Stufe weiterkneten. Das Bassinage-Wasser in drei Schritten hinzufügen und weitere zwei Minuten auf mittlerer Stufe kneten, bis sich der Teig von der Schüsselwand löst. (Für die Knetung von Hand, siehe S. 18.)

3. Mit Hilfe eines Thermometers sicherstellen, dass die Teigtemperatur zwischen 22 und 25 °C liegt. Falls der Teig zu warm wird, einfach abgedeckt samt Schüssel für kurze Zeit in den Kühlschrank stellen.

4. Den Teig auf eine leicht bemehlte Arbeitsfläche geben und bei Zimmertemperatur 45 Minuten unter einem feuchten Tuch ruhen lassen.

5. Den Teig von zwei Seiten übereinander schlagen, dann drehen und dasselbe nochmals aus der anderen Richtung wiederholen, bis sich drei Lagen übereinander befinden (dehnen und falten). Danach rundwirken (siehe S. 22). Den Teig anschließend weitere 45 Minuten unter einem feuchten Tuch ruhen lassen.
Den Teig in einen Behälter legen und abgedeckt über Nacht im Kühlschrank ruhen lassen.

6. Der glatte, homogene und noch kühle Teigling kann dann am selben, spätestens jedoch am nächsten Tag, für ein beliebiges Rezept verwendet werden.

---

* Bei der Autolyse wird das Klebergerüst eines Teiges aufgebaut. Die anschließende Knetzeit wird so verkürzt.*

Croissant-Teig

ZUBEREITUNG: 45 MINUTEN
KNETZEIT: 10 MINUTEN
RUHEZEIT IM KÜHLEN: 3 STUNDEN

Für 1 kg Teig

Teig
375 g Weizenmehl, Type 405
125 g Weizenmehl, Type 812
225 g Mandeldrink
10 g Salz
15 g frische Bäckerhefe
60 g Zucker
40 g selbst gemachte Margarine
(S. 38)

Tourierfett (zum Ausrollen)
285 g selbst gemachte Margarine
(S. 38)

1. Für die Teigbasis beide Mehlarten, Mandeldrink, Salz, Zucker und die zerbröckelte Hefe zunächst fünf Minuten auf niedriger Stufe und anschließend fünf Minuten auf mittlerer Stufe in einer Küchenmaschine mit Knethaken verkneten (siehe S. 16). Die Margarine dazugeben und auf niedrigster Stufe einkneten, bis sie sich vollständig mit dem Teig verbunden hat. (Für die Knetung von Hand, siehe S. 18.)

2. Den Teig rundschleifen (siehe S. 22) und abgedeckt eine Stunde im Kühlschrank ruhen lassen.

3. Aus einem großen Backpapier (35 × 40 cm) eine 15 × 15 cm große Tasche falten. Die kalte Margarine in Stücke schneiden und in der Backpapiertasche verteilen. Mit einer Teigrolle ausrollen, sodass ein Margarine-Quadrat mit 15 Zentimetern Kantenlänge entsteht.

4. Den Teig in der gleichen Breite wie die Margarine (15 cm) ausrollen, jedoch in doppelter Länge (30 cm).

5. Das Margarine-Quadrat genau in die Mitte des Teigs legen und die beiden überstehenden Teigseiten darüber zur Mitte hin einschlagen, so dass sie oben fugenlos zusammentreffen.

6. Den Teig mit der Naht nach oben wieder zu einer Länge von 30 Zentimetern ausrollen. Nun drei Mal wie einen Brief übereinander einschlagen, so dass ein dreilagiges Rechteck entsteht. Anschließend abgedeckt eine halbe Stunde im Kühlschrank ruhen lassen. Diesen Vorgang noch zwei Mal wiederholen (tourieren).

7. Den Teig eine weitere Stunde abgedeckt im Kühlschrank ruhen lassen, bevor er weiterverarbeitet wird. Entweder sofort für ein beliebiges Rezept verwenden oder abgedeckt im Kühlschrank noch 24 Stunden aufbewahren.

Blätterteig

KNETZEIT: 12 MINUTEN
ZUBEREITUNG: 35 MINUTEN
RUHEZEIT IM KÜHLEN: 10 STUNDEN

Für 1 kg Teig

Teig
135 g selbst gemachte Margarine
   (S. 38)
445 g Weizenmehl, Type 550
9 g Salz
170 g Wasser
22 g Zucker

Tourierfett (zum Ausrollen)
220 g selbst gemachte Margarine
   (S. 38)

1. Für den Teig die Margarine und das Mehl fünf Minuten lang auf niedrigster Stufe in einer Küchenmaschine verkneten. Salz, Zucker und Wasser dazugeben und dann sieben Minuten auf niedrigster Stufe weiterkneten.
Den Teig anschließend auf eine bemehlte Arbeitsfläche legen und mit einer Teigrolle zu einem Rechteck (20 × 30 cm) ausrollen. Den Teig abgedeckt eine Stunde im Kühlschrank ruhen lassen.

2. Die Margarine zwischen zwei Lagen Backpapier zu einem Rechteck (15 × 20 cm) ausrollen.

3. Das Margarine-Rechteck in die Mitte des Teigs legen.

4. Die beiden überstehenden Teigseiten über dem Margarine-Rechteck auf Kante einschlagen.

5. Den Teig dann auf die dreifache Größe (60 × 20 cm) ausrollen.

6-7. Den Teig von den kurzen Seiten so einschlagen, dass er in der Mitte zusammentrifft. Dann nochmals übereinander legen, so dass insgesamt drei Lagen entstehen. Abgedeckt zwei Stunden im Kühlschrank ruhen lassen.

8. Die Arbeitsschritte 5–7 noch vier Mal wiederholen. Nach den letzten beiden Ruhestunden kann der Teig verarbeitet oder abgedeckt bis zum nächsten Tag aufbewahrt werden.

Brioche-Teig

KNETZEIT: 24 MINUTEN
AUFARBEITUNGSZEIT: 30 MINUTEN
RUHEZEIT IM KÜHLEN:
MIND. 3 STUNDEN

Für 1 kg Teig
465 g Weizenmehl, Type 405
45 g Maisstärke
250 g Wasser
7 g Salz
3 g Vanille-Extrakt
70 g Zucker
20 g Frischhefe
140 g selbst gemachte Margarine
(S. 38)

1. Mehl, Maisstärke, Wasser, Salz und Vanille-Extrakt acht Minuten in der Rührschüssel der Küchenmaschine mit Knethaken auf niedrigster Stufe verkneten (siehe S. 16). Den Zucker hinzufügen, eine Stufe höher schalten und weitere acht Minuten kneten. Anschließend auf niedriger Stufe die Hefe acht Minuten einkneten. Der Teig muss sich von der Schüsselwand lösen. (Für die Knetung von Hand, siehe S. 18.)

2. Die in Würfel geschnittene Margarine dazugeben und so lange weiterkneten, bis sie vollständig in den Teig eingearbeitet ist.

3. Den Teig 30 Minuten in der abgedeckten Rührschüssel ruhen lassen.

4. Den Teig wie auf Seite 20 beschrieben in zwei Durchgängen dehnen und falten. Da der Teig jedoch weich ist, am besten direkt in der Schüssel bearbeiten.

5. Anschließend in der Schüssel mindestens drei Stunden abgedeckt im Kühlschrank ruhen lassen. Der homogene, glatte Teig muss verarbeitet werden, solange er noch fest und kalt ist. Der Teig hält sich maximal 24 Stunden abgedeckt im Kühlschrank.

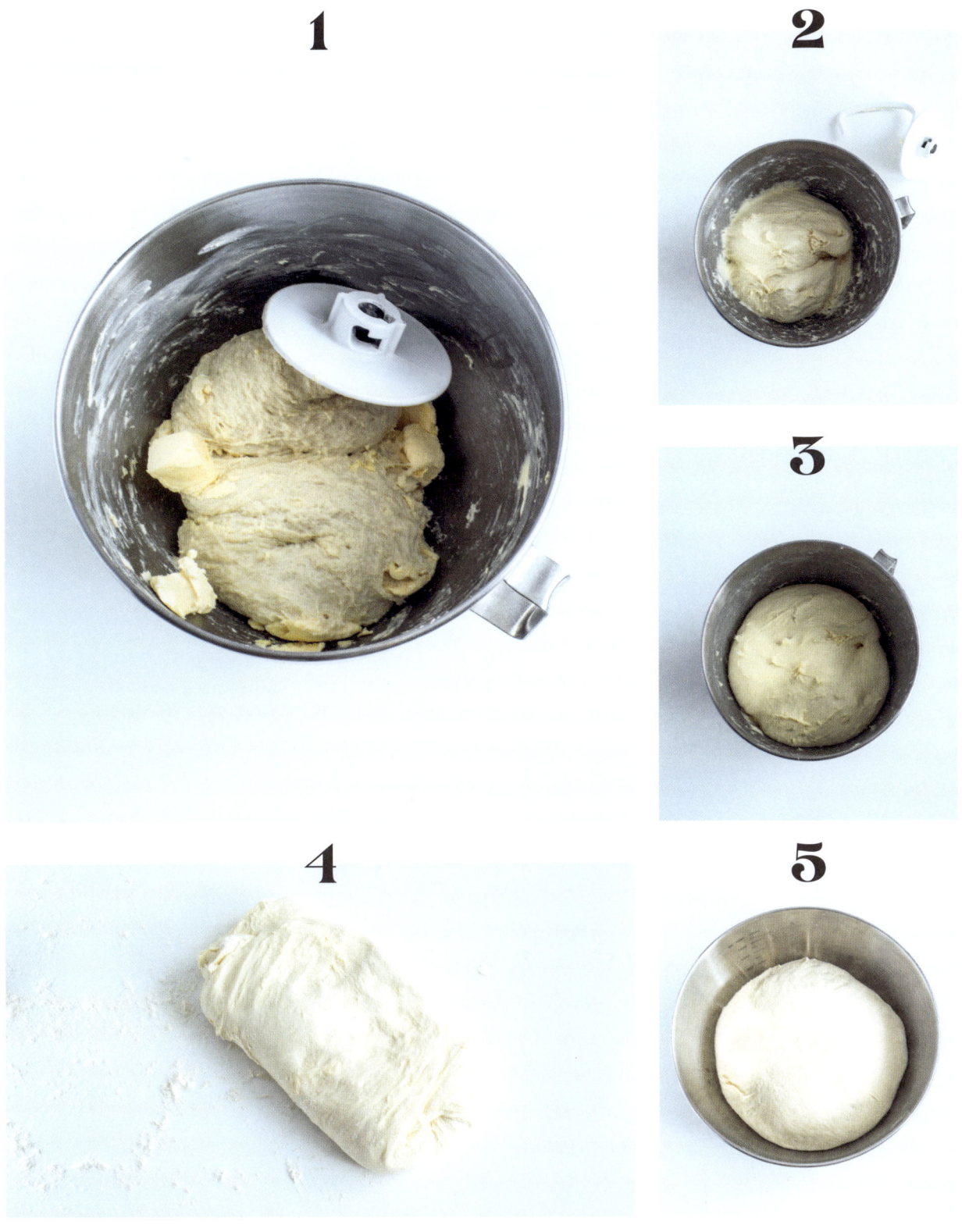

Teig für Feingebäck

KNETZEIT: 8 MINUTEN
ZUBEREITUNG: 10 MINUTEN
RUHEZEIT IM KÜHLEN: 2 STUNDEN

Für 1 kg Teig
245 g Weizenmehl, Type 550
245 g Weizenmehl, Type 405
40 g Zucker
160 g Sojadrink
160 g Wasser
10 g Salz
10 g Frischhefe
50 g flüssiger Weizen-Sauerteigansatz
   (S. 30)
75 g selbst gemachte Margarine
   (S. 38), in Würfel geschnitten

1. Beide Mehlsorten mit Zucker, Sojadrink, Wasser, Salz, zerbröckelter Hefe und flüssigem Sauerteig-Ansatz vier Minuten auf niedrigster Stufe in der Rührschüssel der Küchenmaschine mit Knethaken verkneten. Anschließend noch vier Minuten auf mittlerer Stufe weiterkneten (siehe S. 16), bis sich der Teig von der Schüsselwand löst. (Für die Knetung von Hand, siehe S. 18.)

2. Mit Hilfe eines Thermometers sicherstellen, dass die Teigtemperatur zwischen 22 und 25 °C liegt. Falls der Teig zu warm wird, einfach abgedeckt für kurze Zeit samt Schüssel im Kühlschrank kaltstellen.

3. Nun die Margarinenwürfel dazugeben und unter weiterem Kneten auf niedriger Stufe vollständig in den Teig einarbeiten.

4. Den Teig in der abgedeckten Schüssel mindestens zwei Stunden im Kühlschrank ruhen lassen. Sobald die Teigkugel homogen und glatt ist, kann sie weiterverarbeitet werden. Im Kühlschrank ist der Teig abgedeckt 24 Stunden haltbar.

Mürbeteig

ZUBEREITUNG: 10 MINUTEN
RUHEZEIT IM KÜHLEN: 30 MINUTEN

—⫘—

Für 1 kg Teig
270 g selbst gemachte Margarine
   (S. 38)
540 g Weizenmehl, Type 550
55 g Sojadrink
130 g Wasser

1. Die Margarine im Behälter der Küchenmaschine auf niedrigster Stufe mit dem Flachrührereinsatz glattrühren. Nun den Knethaken einsetzen und die restlichen Zutaten in die Schüssel füllen.

2. Alles auf niedrigster Stufe fünf bis sieben Minuten verkneten, bis ein glatter, homogener Teig entsteht.

3. Den Teigling wie auf Seite 22 beschrieben rundschleifen und in eine Schüssel legen. Abgedeckt mindestens eine halbe Stunde im Kühlschrank ruhen lassen, bevor er ausgerollt wird. Der Teig kann bis zu 24 Stunden im Kühlschrank aufbewahrt werden.

Süßer Mandelmürbeteig

ZUBEREITUNG: 25 MINUTEN

Für 1 kg Teig
130 g Puderzucker
3 g Fleur de Sel
115 g blanchierte Mandeln,
   fein gemahlen, oder Mandelmehl
445 g Weizenmehl, Type 550
210 g selbst gemachte Margarine
   (S. 38)
100 g Wasser
3 g Vanille-Extrakt

1. Puderzucker mit Fleur de Sel, gemahlenen Mandeln und Mehl auf niedrigster Stufe im Behälter der Küchenmaschine mit dem Flachrührereinsatz vermengen.

2. Die zimmerwarme, in Würfel geschnittene Margarine dazugeben und auf niedrigster Stufe rühren, bis ein mürber Teig entsteht.

3. Den Knethaken in die Küchenmaschine einsetzen und das Wasser mit Vanille-Extrakt in den Teig einarbeiten, bis er eine gleichmäßige, glatte Konsistenz hat.

4. Den Teig wie auf Seite 22 beschrieben rundschleifen. Dann in einer Schüssel abgedeckt mindestens eine halbe Stunde im Kühlschrank ruhen lassen, bevor er ausgerollt wird. Der Teig kann abgedeckt 24 Stunden im Kühlschrank aufbewahrt werden.

Praliné-Creme

RÖSTZEIT: 20 MINUTEN
ZUBEREITUNG: 45 MINUTEN
KARAMELLISIEREN: 20 MINUTEN

Für 800 g Nuss-Paste (Praliné)
250 g ungehäutete Haselnusskerne
250 g ungehäutete Mandeln
300 g Zucker
4 g Salz

1. Den Backofen auf 160 °C vorheizen. Haselnüsse und Mandeln auf einem Backblech 15 bis 20 Minuten im Ofen rösten.

2. Währenddessen den Zucker auf mittlerer Hitze in einem großen Topf so lange karamellisieren, bis er goldbraun geworden ist.

3. Geröstete Haselnüsse und Mandeln in den Topf geben. Bei mittlerer Hitze 20 Minuten unter ständigem Rühren mit einem hitzebeständigen Teigschaber mit dem karamellisierten Zucker vermengen. Dabei lagert er sich um die Nüsse und Mandeln, bis er eine dunkle Bernsteinfärbung annimmt und diese vollständig umhüllt.

4. Die Masse anschließend auf einem Backpapier oder Silikonbrett ungefähr 20 Minuten abkühlen lassen.

5. Die karamellisierte Masse in Stücke brechen und in einen Standmixer füllen. Das Salz hinzufügen und alles solange mixen, bis eine pudrige Masse entsteht. Diese wird nach und nach flüssiger. Die Praliné-Masse ist fertig, wenn sich die Mischung zu einer geschmeidigen Paste entwickelt hat.

Die Praliné-Crème kann in einem luftdicht geschlossenen Gefäß zwei bis drei Monate im Kühlschrank aufbewahrt werden. Das sich auf der Oberfläche bildenden Öl einfach mit einem sauberen Löffel vor der Verwendung unterrühren.

Italienische Meringen

ZUBEREITUNG: ¼ STUNDE

Für 900 g Meringenmasse
250 g Aquafaba (S. 12) oder Yumgo
  (pflanzlicher Eiweißersatz)
500 g Zucker
150 g Wasser

Aquafaba oder Yumgo in der Küchenmaschine mit dem Schneebeseneinsatz
steif schlagen.

Währenddessen einen Sirup zubereiten:
Wasser und Zucker in einem Topf erhit-
zen. Der Sirup ist fertig, sobald er eine
Temperatur von 118 °C erreicht hat (hier
ist ein Zuckerthermometer hilfreich:
Vorsicht: Verbrennungsgefahr!).

Den Sirup unter ständigem Rühren
ganz langsam nach und nach zum
bereits steif geschlagenen Schnee
geben, bis er sich vollständig mit ihm
verbunden hat. Die Masse muss Spitzen
bilden, wenn der Schneebesen heraus-
gezogen wird.

Diese Masse ist sehr stabil und kann gut
aufgespritzt werden. Durch den heißen
Zucker kann man sie einfach trocknen
lassen.

Französische Meringen

ZUBEREITUNG: 10 MINUTEN
TROCKNUNGSZEIT: 2 STUNDEN

Für 750 g Meringenmasse
250 g Aquafaba (S. 12) oder Yumgo
   (pflanzlicher Eiweißersatz)
500 g feiner Zucker

Aquafaba oder Yumgo in der Küchen-maschine mit dem Schneebeseneinsatz steif schlagen.
Den Zucker unter ständigem Rühren in drei Schritten hinzufügen.
Die Masse ist fertig, wenn sie schön glänzt und sich Spitzen bilden, wenn man den Schneebesen herauszieht.
Den Backofen auf 90 °C vorheizen.
Die Masse in einen Tortenspritzbeu-tel füllen und auf ein mit Backpapier ausgelegtes Backblech Formen nach Wunsch aufspritzen. Im vorgeheizten Backofen ungefähr zwei Stunden trock-nen lassen.
Die Meringen sind fertig, wenn sie durchgetrocknet sind und nicht mehr am Papier haften.

Mandelcreme

ZUBEREITUNG: 10 MINUTEN

Für 1,2 kg Creme
300 g selbst gemachte Margarine
   (S. 38)
250 g Puderzucker
140 g Sojadrink
375 g Mandelmehl oder blanchierte
   Mandeln, fein gemahlen
70 g Maisstärke
40 g Kartoffelstärke
4 g Salz

1. Die selbst gemachte Margarine im Behälter der Küchenmaschine mit dem Flachrührereinsatz glattrühren, bis sie eine weiche Konsistenz hat.

2. Den Puderzucker mit gemahlenen Mandeln, Sojadrink und Mais- sowie Kartoffelstärke unter Rühren hinzufügen.

3. Sobald sich alle Zutaten zu einer homogenen Masse verbunden haben, die Mandelcreme in einen Tortenspritzbeutel füllen. Dieser vegane Buttercreme-Ersatz lässt sich im Kühlschrank bis zu 24 Stunden aufbewahren.

Sahnige Creme

ZUBEREITUNG: 10 MINUTEN
RUHEZEIT IM KÜHLEN: 2 STUNDEN

Für 700 g Creme
90 g weiße vegane Schokolade
100 g Kakaobutter
510 g Haferdrink
½ Vanillestange

1. Die Schokolade und die Kakaobutter in eine Schüssel geben.

2. Den Haferdrink mit dem ausgekratzten Mark der Vanille sowie der Vanillestange in einem Topf vorsichtig erhitzen, bis die Flüssigkeit fast kocht. Noch heiß durch ein Sieb in die bereitgestellte Schüssel gießen. Mit einem Schneebesen gut verrühren, bis die Schokolade und die Kakaobutter geschmolzen sind.

3. Diesen veganen Sahnecreme-Ersatz vor der weiteren Verwendung mindestens zwei Stunden in den Kühlschrank stellen, damit er fest wird.

Crème pâtissière –
Konditorcreme

ZUBEREITUNG: 20 MINUTEN
RUHEZEIT IM KÜHLEN: 30 MINUTEN

Für 600 g Creme
40 g Maisstärke
450 g Sojadrink
50 g Rohrohrzucker oder anderer
   Vollzucker
8 g Vanille-Extrakt
50 g Traubenkernöl

1. Die Maisstärke in eine Schüssel sieben.

2. Den Sojadrink mit Zucker, Vanille und Öl in einem Topf zum Kochen bringen.

3. Nach und nach die kochende Mischung über die Maisstärke gießen, dabei alles kräftig mit einem Schneebesen verrühren.

4. Sobald sich eine Creme gebildet hat, diese in den Topf zurückfüllen und bei schwacher Hitze zwei Minuten lang eindicken lassen. Dabei ständig rühren, damit die Creme nicht anbrennt.

5. Die abgekühlte Masse vor der weiteren Verarbeitung mindestens eine halbe Stunde abgedeckt in den Kühlschrank stellen.

3

BROTE, BRÖTCHEN
& PIKANTES GEBÄCK

Grundrezept Baguette

TEIGHERSTELLUNG
MIT RUHEZEITEN: CA. 14 STUNDEN
STÜCKGARE: ¾ STUNDE
BACKZEIT: 25 MINUTEN

Für 2 Baguettes à ca. 300 g
360 g Weizenmehl, Type 812
255 g Wasser + 15 g Wasser zum
    Einarbeiten (Bassinage-Wasser)
7 g Salz
2 g Frischhefe

1. Aus den Zutaten wie auf Seite 40 beschrieben einen einfachen Basisteig herstellen. Mit einem Teigschaber oder Messer in zwei gleich große Teiglinge aufteilen.

2. Je einen Teigling auf der leicht bemehlten Arbeitsfläche von allen vier Seiten einschlagen. Während der ersten Teigruhe zwei Mal falten und dehnen (siehe S. 20).

3. Den ersten Teigling zum Langwirken (siehe S. 24 / 25) mit der glatten Seite nach unten und dem Schluss nach oben auf die leicht bemehlte Arbeitsfläche legen und zu einer Art Rechteck formen, das parallel zur Arbeitsfläche liegt. Nun mit den Daumen das Teigstück in der Mitte leicht halten, während die Finger um den Teig nach hinten greifen, um ihn über die Daumen nach vorne zu ziehen. Den eingefalteten Teig an der Naht etwas hineindrücken, um ihn zu fixieren. Diesen Faltvorgang mehrmals ausführen, um dem Baguette Festigkeit zu verleihen und seine Oberfläche zu dehnen.

4. Nun die Hände auf die Mitte des Baguettes und mit einer leicht schiebenden Bewegung hin- und her rollen, dabei sanft in die gewünschte Länge treiben. Das Baguette anschließend auf ein bemehltes Tuch setzen und mit einem zweiten Tuch bedecken, damit der Teig nicht austrocknet. Den zweiten Teigling ebenso bearbeiten und beide Teiglinge in warmer Umgebung 45 Minuten ruhen lassen. Die Stückgare ist erreicht, wenn auf dem Teig bei leichtem Fingerdruck keine Delle zurückbleibt und er elastisch zurückfedert.

5. Den Backofen mitsamt Backblech und einem hitzebeständigen Behälter, der mit Wasser gefüllt ist, auf 260 °C (Ober-/Unterhitze) vorheizen.
Die Baguettes auf das mit Backpapier belegte Backblech legen und mit Mehl überstäuben. Den Teig jeweils mit einem Bäckermesser über die gesamte Brotlänge mehrfach in einem Winkel von 45° einschneiden oder einen langen Schnitt machen. Die Baguettes 22 Minuten im vorgeheizten Ofen backen.

6. Sie sind fertig, wenn die Kruste goldbraun und knusprig ist und das Brot beim Klopftest hohl klingt. Falls die Baguettes nach dieser Zeit noch nicht vollständig durchgebacken sind, noch weitere fünf bis zehn Minuten im ausgeschalteten Backofen belassen.

Boule

VORBEREITUNG: AM VORTAG
ZUBEREITUNG: 30 MINUTEN
AUFARBEITUNGSZEIT:
1 STUNDE 20 MINUTEN
RUHEZEIT IM KÜHLEN: 12 STUNDEN
RUHEZEIT BEI ZIMMERTEMPERATUR:
2 STUNDEN
BACKZEIT: 35 MINUTEN

**Für 1 rundes französisches
Landbrot à ca. 500 g**
400 g Sauerteig (S. 36)
40 g Dinkelmehl
40 g fermentierter Vorteig
   oder Brotteigrest (optional)
20 g Wasser

1. Am Vortag einen Sauerteig in der benötigten Menge zubereiten (siehe S. 36). Falls ein fermentierter Vorteig gewünscht ist, diesen nach Rezept des einfachen Basisteigs (siehe S. 40) ebenfalls einen Tag vorher ansetzen und kühl reifen lassen.

2. Den Sauerteig mit den anderen Zutaten in der Rührschüssel der Küchenmaschine mit Knethaken auf niedrigster Stufe fünf Minuten kneten (siehe S. 16). Den Teig darin anschließend 40 Minuten abgedeckt ruhen lassen. (Für die Knetung von Hand, siehe S. 18.)

3. Wie auf Seite 20 beschrieben den Teig falten und dehnen. Danach weitere 40 Minuten abgedeckt ruhen lassen.

4. Entweder den gesamten Teig für ein Brot verwenden oder mit einem Teigschaber Portionen abstechen und 15 Minuten entspannen lassen.

5. Aus dem Teig eine Kugel formen und wie auf Seite 22 beschrieben durch kleine, kreisförmige Handbewegungen rundschleifen. Den Teig oder die so geformten Teiglinge abgedeckt über Nacht im Kühlschrank oder zwei Stunden bei Zimmertemperatur ruhen lassen.

6. Den Backofen mitsamt Backblech und einem hitzebeständigen, mit Wasser gefüllten Behälter 250 °C (Ober-/Unterhitze) vorheizen. Das Brot oder die Brote auf das heiße, mit Backpapier ausgelegte Backblech setzen, leicht mit Mehl überstäuben und unten mit einem Bäckermesser fünf Millimeter tief einschneiden.

7. Im vorgeheizten Ofen 30 bis 35 Minuten backen, bis die Kruste goldbraun ist und das Brot beim Klopftest hohl klingt.

Boule vor dem Backen

Einschneiden des Teiglings

Vollkornbrot

ZUBEREITUNG: 30 MINUTEN
AUFARBEITUNGSZEIT: 1 STUNDE
ERSTE REIFEPHASE: ½ STUNDE
ZWEITE REIFEPHASE: 2 STUNDEN
BACKZEIT: ½ STUNDE

Für 2 Brote à ca. 400 g
360 g Weizenvollkornmehl, Type 1600
260 g Wasser
90 g Weizen-Anstellgut (S. 30)
8 g Salz
6 g Frischhefe
60 g Weizenkleie

1. Das Vollkornmehl mit Wasser, Salz, Sauerteig und zerbröckelter Hefe in der Rührschüssel der Küchenmaschine mit Knethaken zunächst vier Minuten auf niedrigster Stufe, anschließend sechs Minuten auf mittlerer Stufe verkneten (siehe S. 16). Der Teig muss sich von der Schüsselwand lösen. (Für die Knetung von Hand, siehe S. 18.)

2. Den Teig in der Schüssel eine Stunde abgedeckt in warmer Umgebung (25 bis 28 °C) reifen lassen.

3. Den Teig in zwei Stücke teilen und wie auf Seite 22 beschrieben jeweils rundschleifen.

4. Die so bearbeiteten Teiglinge mit dem Schuss nach unten auf einer bemehlten Arbeitsfläche abgedeckt eine halbe Stunde ruhen lassen.

5. Aus dem Teig Bâtards formen (siehe S. 24). Die Oberfläche jeweils mit Hilfe eines Backpinsels mit Wasser befeuchten. Die Brote mit der Weizenkleie bestreuen und mit dem Schluss nach unten auf ein Backpapier legen.

6. Jedes Brot einmal schräg einschneiden.

7. Die mit einem Tuch bedeckten Brote nun für die Stückgare anderthalb bis zwei Stunden in warmer Umgebung (25 bis 28 °C) reifen lassen.

8. Den Backofen mitsamt Backblech und einem hitzebeständigen, mit Waser gefüllten Behälter auf 260 °C (Ober-/Unterhitze) vorheizen. Die Brote auf das mit Backpapier belegte heiße Backblech legen, einschieben und den Backofenboden zusätzlich mit Wasser besprengen. Die Brote 25 bis 30 Minuten backen und den Ofen fünf Minuten vor Ende der Backzeit öffnen. Die Brote sind fertig gebacken, wenn sie in der Mitte kräftig goldbraun sind und die Weizenkleie eine gute Bräunung bekommen hat.

Saatenbrot

VORBEREITUNG: AM VORTAG
ZUBEREITUNG: 10 MINUTEN
KNETZEIT: 8 MINUTEN
REIFEPHASE: 1 STUNDE
BACKZEIT: 50 MINUTEN

Für 1 Brot à ca. 500 g
180 g Kamut-Mehl
45 g Weizenruchmehl
200 g warmes Wasser (45 °C)
4 g Salz
6 g Frischhefe

Eingeweichte Saaten
35 g Saatenmischung (Leinsamen,
    Sesam, Sonnenblumenkerne)
35 g Wasser

Für die Form
selbst gemachte Margarine (S. 38)
Saatenmischung, Menge
    nach Geschmack

1 KASTENFORM, 26 CM LANG

1. Die Saaten bereits am Vortag auf einem mit Backpapier belegten Backblech zehn Minuten im vorgeheizten Backofen (180 °C) rösten, damit sich die Aromen entfalten können. Die Saaten anschließend über Nacht in Wasser einweichen.

2. Am Backtag die Form mit Margarine ausfetten und die Wände mit den nicht eingeweichten Saaten bestreuen.

3. Das Kamut-Mehl mit dem Ruchmehl und 45 °C warmem Wasser sowie Salz, zerbröckelter Hefe und eingeweichten Saaten in der Rührschüssel der Küchenmaschine mit Knethaken acht Minuten auf niedrigster Stufe verkneten (siehe S. 16). (Für die Knetung von Hand, siehe S. 18.)

4. Den Teig ohne weitere Bearbeitung in die Form füllen. Mit einem feuchten Tuch bedecken und eine Stunde ruhen lassen. Wenn der Teig bis zum Rand der Form aufgegangen ist, kann das Brot gebacken werden.

5. Den Backofen auf 250 °C (Ober-/Unterhitze) vorheizen. Das Brot darin 45 bis 50 Minuten backen, bis es goldbraun ist und beim Klopftest hohl klingt.

Früchtebrot mit Körnern

VORBEREITUNG: AM VORTAG
KNETZEIT: 5 MINUTEN
AUFARBEITUNGSZEIT:
1 STUNDE 20 MINUTEN
STÜCKGARE: ¼ STUNDE
RUHEZEIT IM KÜHLEN: 12 STUNDEN
RUHEZEIT BEI
ZIMMERTEMPERATUR: 12 STUNDEN
BACKZEIT: ½ STUNDE

Für 1 Brot à ca. 550 g
330 g Sauerteig (S. 36)
33 g fermentierter Vorteig oder
    Brotteigrest (optional)
40 g Rosinen
40 g getrocknete Cranberrys
40 g getrocknete Aprikosen,
    zerkleinert
15 g Wasser

Eingeweichte Saaten
25 g Saatenmischung (Leinsamen,
    Sesam, Sonnenblumenkerne)
25 g Wasser

Für die Form
20 g Kürbiskerne
selbst gemachte Margarine (S. 38)

1 KASTENFORM, 28 CM LANG

1. Die Saaten am Vortag auf einem mit Backpapier belegten Backblech zehn Minuten im vorgeheizten Backofen (180 °C) rösten, so können sich ihre Aromen besser entfalten. Die Saaten anschließend über Nacht in Wasser einweichen.
Falls ein fermentierter Vorteig gewünscht ist, diesen nach Rezept des einfachen Basisteigs (siehe S. 40) ebenfalls einen Tag vorher ansetzen und kühl reifen lassen.

2. Am Backtag die gewünschte Menge Sauerteig zubereiten und mit fermentiertem Vorteig, Trockenfrüchten und Wasser in der Rührschüssel der Küchenmaschine mit Knethaken fünf Minuten auf niedrigster Stufe verkneten (siehe S. 16). (Für die Knetung von Hand, siehe S. 18.)

3. Mit Hilfe eines Thermometers sicherstellen, dass die Teigtemperatur zwischen 22 und 25 °C beträgt. Falls der Teig zu warm wird, einfach mitsamt der Schüssel abgedeckt in den Kühlschrank stellen. Anschließend 40 Minuten ruhen lassen.

4. Den Teig falten und dehnen wie auf Seite 20 beschrieben. Erneut 40 Minuten ruhen lassen.

5. Den gesamten Teig rundschleifen (siehe S. 22) und eine Viertelstunde entspannen lassen.

6. Aus dem Teig ein Bâtard von 18 cm Länge formen (siehe S. 24). Mithilfe eines Backpinsels die Oberseite des Brotes mit Wasser befeuchten und Kürbiskerne darauf streuen. Das Brot in die ausgefettete Form legen und entweder über Nacht darin im Kühlschrank abgedeckt ruhen lassen oder zwei Stunden bei Zimmertemperatur.

7. Den Ofen mitsamt Backofengitter und einem hitzebeständigen, mit Wasser gefüllten Behälter auf 250 °C (Ober-/Unterhitze) vorheizen.
Das Brot evtl. mit einem Schnitt der Länge nach einschneiden und eine halbe Stunde im Ofen backen, bis es goldbraun ist und beim Klopftest hohl klingt.

Toastbrot

KNETZEIT: 8 MINUTEN
RUHEZEIT IM KÜHLEN: 2 STUNDEN
AUFARBEITUNGSZEIT:
1 STUNDE 20 MINUTEN
RUHEZEIT: ¼ STUNDE
REIFEPHASE: 2 STUNDEN
BACKZEIT: 40 MINUTEN

Für 2 Toastbrote à ca. 300 g
155 g Weizenmehl, Type 550
155 g Weizenmehl, Type 405
30 g Zucker
105 g Sojadrink
105 g Wasser
7 g Salz
7 g Frischhefe
33 g flüssiger Sauerteig (S. 30)
50 g selbst gemachte Margarine
 (S. 38)

Für die Formen
selbst gemachte Margarine (S. 38)

2 TOASTBACKFORMEN
MIT DECKEL, 24 CM

1. Aus den Zutaten einen Teig für Feingebäck herstellen, wie auf Seite 48 beschrieben, und 40 Minuten ruhen lassen.

2. Zwei Toastbrotformen einfetten.

3. Den Teig, wie auf Seite 20 gezeigt, dehnen und falten, danach für weitere 40 Minuten ruhen lassen.

4. Den Teig auf eine bemehlte Arbeitsfläche legen und mit Hilfe eines Teigschabers in zwei gleich große Teiglinge teilen. Mit einem feuchten Tuch bedecken und die Teiglinge eine Viertelstunde entspannen lassen.

5. Jeden Teigling rundschleifen wie auf Seite 22 beschrieben. Anschließend zu Bâtards formen (siehe S. 24). Die Teigstücke in die Formen füllen, etwas hineindrücken und in warmer Umgebung abgedeckt zwei Stunden ruhen lassen. Wenn der Teig bis zum Rand der Form aufgegangen ist, kann das Brot gebacken werden.

6. Den Backofen mitsamt hitzebeständigem, mit Wasser gefülltem Behälter auf 220 °C vorheizen.
Die mit Deckel geschlossenen Formen auf einem Backofengitter einschieben, die Temperatur auf 170 °C reduzieren und 40 Minuten backen. Die Toastbrote sind fertig, sobald sei eine schöne goldbraune Farbe bekommen haben. (Die Toastbrote lassen sich auch in normalen Kastenformen backen, diese dann jeweils nach der Hälfte der Backzeit abdecken.)

Toastbrot mit Körnern

KNETZEIT: 8 MINUTEN
RUHEZEIT IM KÜHLEN: 2 STUNDEN
AUFARBEITUNGSZEIT:
1 STUNDE 20 MINUTEN
RUHEZEIT: ¼ STUNDE
REIFEPHASE: 2 STUNDEN
BACKZEIT: 40 MINUTEN

Für 2 Toastbrote à ca. 300 g
140 g Weizenmehl, Type 550
140 g Weizenmehl, Type 405
23 g Zucker
90 g Sojadrink, 90 g Wasser
6 g Salz, 6 g Frischhefe
28 g flüssiger Sauerteig (S. 30)
43 g selbst gemachte Margarine
   (S. 38)

Eingeweichte Saaten
50 g Saatenmischung (Leinsamen,
   Sonnenblumenkerne, Hanf- und
   Mohnsamen)
50 g Wasser

Für die Formen
selbst gemachte Margarine (S.38)

**2 TOASTBACKFORMEN
MIT DECKEL, 24 CM**

Die Saaten abgedeckt über Nacht in
Wasser einweichen.
Den Teig nach Grundrezept auf Seite 76
herstellen. Die eingeweichten Saaten
gegen Ende des Knetvorgangs dazugeben.
Die Backzeiten und Hinweise entspre-
chen denen auf Seite 76.

Toastbrot mit Kurkuma

KNETZEIT: 8 MINUTEN
RUHEZEIT IM KÜHLEN: 2 STUNDEN
AUFARBEITUNGSZEIT:
1 STUNDE 20 MINUTEN
RUHEZEIT: ¼ STUNDE
REIFEPHASE: 2 STUNDEN
BACKZEIT: 40 MINUTEN

Für 2 Toastbrote à ca. 300 g
155 g Weizenmehl, Type 550
155 g Weizenmehl, Type 405
30 g Zucker
105 g Sojadrink
105 g Wasser
7 g Salz
7 g Frischhefe
33 g flüssiger Sauerteig (S. 30)
50 g selbst gemachte Margarine (S. 38)
6 g Kurkumapulver

Für die Formen
selbst gemachte Margarine (S. 38)

2 TOASTBACKFORMEN
MIT DECKEL, 24 CM

Den Teig nach Grundrezept auf Seite 76
herstellen. Den Kurkuma gegen Ende
des Knetvorgangs dazugeben.
Die Backzeiten und Hinweise entspre-
chen denen auf Seite 76.

Matlou

KNETZEIT: 8 MINUTEN
RUHEZEIT: ½ STUNDE
REIFEZEIT: ½ STUNDE
STÜCKGARE: 2 STUNDEN
BACKZEIT: 20 MINUTEN

———————◀◀◀◀———

Für 5 Fladen à ca. 180 g
350 g Hartweizengrieß
180 g Weizenmehl, Type 812
11 g Salz
6 g Frischhefe
350 g Wasser

1 RUNDE BRATPFANNE

1. Den Hartweizengrieß mit Mehl, Salz, Hefe und Wasser in der Rührschüssel der Küchenmaschine mit Knethaken vier Minuten auf niedrigster Stufe verkneten (siehe S. 16), anschließend nochmals vier Minuten eine Stufe schneller kneten. (Für die Knetung von Hand, siehe S. 18.)

2. Den Teig eine halbe Stunde abgedeckt in der Schüssel ruhen lassen.

3. Den Teig danach in fünf gleich große Portionen aufteilen. Jeden Teigling rundschleifen wie auf Seite 22 beschrieben.

4. Die runden Teiglinge auf einer leicht bemehlten Arbeitsfläche unter einem feuchten Tuch eine halbe Stunde reifen lassen.

5. Die Teiglinge mit einem Teigroller rund etwa 2 cm dick ausrollen. Mit einem trockenen Tuch bedecken und bei Zimmertemperatur zwei Stunden gehen lassen.

6. Eine Pfanne sparsam fetten und auf mittlere Hitze erwärmen. Jeden Fladen darin vier Minuten backen, dazu alle halbe Minute wenden, damit die Brote von beiden Seiten gut gebräunt, innen aber noch weich sind.

Diese nordafrikanischen Fladenbrote lassen sich zwei Tage in ein Tuch gewickelt aufbewahren.

Challot

KNETZEIT: 8 MINUTEN
RUHEZEIT IM KÜHLEN: 2 STUNDEN
RUHEZEIT: ½ STUNDE
AUFARBEITUNGSZEIT: ½ STUNDE
STÜCKGARE: 2 STUNDEN
BACKZEIT: 20 MINUTEN

Für 2 Schabbat-Brote à ca. 350 g
125 g Weizenmehl, Type 550
125 g Weizenmehl, Type 405
20 g Zucker
80 g Sojadrink
80 g Wasser
5 g Salz
5 g Frischhefe
25 g flüssiger Sauerteig (S. 30)
40 g selbst gemachte Margarine
   (S. 38)

Finish
25 g Wasser
25 g Saatenmischung

1. Aus den hier angegebenen Zutaten einen Teig für Feingebäck herstellen (siehe S. 48).

2. Den Teig mit einem Teigschaber in vier gleich große Portionen teilen. Jeden Teigling mit den Handflächen zu ungefähr 25 cm langen, gleichmäßig dicken Strängen rollen. Anschließend eine Viertelstunde abgedeckt im Kühlschrank ruhen lassen.

3. Die Stränge erneut mit den Handflächen so ausrollen, dass sie eine Länge von 40 Zentimetern erreichen. Diese nochmals eine Viertelstunde abgedeckt im Kühlschrank ruhen lassen.

4. Je zwei Teigstränge, wie auf der gegenüberliegenden Seite gezeigt, zu einem Laib flechten. Beide Brote danach auf ein mit Backpapier belegtes Backblech setzen.

5. Die Laibe mit Wasser bepinseln, damit sie beim Backen schön braun werden. Noch zwei Stunden abgedeckt im Warmen ruhen lassen.

6. Den Backofen auf 170 °C (Umluft) vorheizen.
Die Oberfläche der Challots erneut mit Wasser bepinseln und die Saatenmischung darauf verteilen. Die Brote ungefähr zwanzig Minuten backen, bis sie gut aufgegangen und leicht gebräunt sind.

Schwarzbrot

KNETZEIT: 10 MINUTEN
STÜCKGARE: 2 STUNDEN
BACKZEIT: 1 STUNDE

——— ⫸⫸⫸

Für 1 Brot à ca. 600 g
110 g Roggenmehl, Type 1740
330 g Saatenmischung (zerstoßener
    Roggen, Sonnenblumenkerne,
    brauner Leinsamen)
220 g Sauerteigansatz aus Roggen
    (S. 32)
7 g Frischhefe
5 g Salz
11 g Flüssigmalz
22 g Wasser

Finish
30 g Haferflocken

Für die Form
selbst gemachte Margarine (S. 38)

1. Mehl mit Saaten, Sauerteig, Hefe, Salz, Malz und Wasser in der Rührschüssel der Küchenmaschine mit Knethaken acht Minuten auf niedrigster Stufe verkneten, bis sich der Teig von der Schüsselwand löst. (Für die Knetung von Hand, siehe S. 18.)

2. Mithilfe eines Thermometers sicherstellen, dass die Teigtemperatur zwischen 22 und 25°C liegt. Ist der Teig zu warm, mitsamt Schüssel kurze Zeit abgedeckt in den Kühlschrank stellen.

3. Aus dem Teig ein Bâtard formen (siehe S. 24). Dazu jedoch kein Mehl verwenden, sondern den Teig in den Haferflocken wälzen, so dass er vollständig damit bedeckt sind.

4. Den Teig in eine vorgefettete Form legen und zwei Stunden darin bei Zimmertemperatur abgedeckt gehen lassen. Sobald der Teig bis zum Rand der Form aufgegangen ist, kann das Brot gebacken werden.

5. Den Backofen auf 250 °C (Ober-/Unterhitze) vorheizen. Das Brot ungefähr eine halbe Stunde darin auf dem Backofengitter backen. Nun die Hitze auf 210 °C reduzieren und das Brot für eine weitere halbe Stunde backen, bis es gut aufgegangen ist und die Haferflocken gut gebräunt sind.

Focaccia

ZUBEREITUNG: ¼ STUNDE
KNETZEIT: 10 MINUTEN
AUFARBEITUNGSZEIT: ½ STUNDE
RUHEZEIT IM KÜHLEN: 2 STUNDEN
RUHEZEIT: 20 MINUTEN
STÜCKGARE: 2 STUNDEN
BACKZEIT: 14 MINUTEN

Für 1 Focaccia à ca. 750 g
375 g Weizenmehl, Type 550
75 g Kartoffelflocken
50 g Hartweizengrieß
315 g Wasser
11 g Salz
5 g Frischhefe
75 g flüssiger Sauerteig (S. 30)

Focaccia-Öl
12 g Öl von eingelegten, getrockneten
  Tomaten
28 g Olivenöl
1 g getrockneter Thymian

Finish
Olivenöl
1 Prise Fleur de Sel oder Salzflocken
1 g getrockneter Thymian

1. Für das Focaccia-Öl das Öl der eingelegten Tomaten mit Olivenöl und Thymian in einem kleinen Topf auf 70 °C erwärmen. Danach abgedeckt bei Zimmertemperatur stehen lassen.

2. Inzwischen das Mehl mit Kartoffelflocken, Hartweizengrieß, Wasser, Salz, Hefe und flüssigem Sauerteig in der Rührschüssel der Küchenmaschine mit Knethaken zunächst vier Minuten auf niedrigster Stufe, dann vier Minuten eine Stufe höher verkneten (siehe S. 16). Anschließend das Focaccia-Öl hinzufügen und vollständig in den Teig einarbeiten.

3. Den Teig eine halbe Stunde bei Zimmertemperatur in der abgedeckten Schüssel gehen lassen. Falten wie auf Seite 20 beschrieben, dann zwei Stunden im Kühlschrank ruhen lassen.

4. Den Teig rundschleifen (siehe S. 22), anschließend 20 Minuten entspannen lassen. Mit einer Teigrolle sanft und wenn nötig mehrmals ausrollen, bis der Teig zwei Zentimeter dick ist. Anschließend zwei Stunden bei Zimmertemperatur gehen lassen.

5. Den Backofen samt Backblech und einem hitzebeständigen, mit Wasser gefüllten Gefäß auf 260 °C (Ober-/Unterhitze) vorheizen. Mit den Fingern kleine Mulden in die gesamte Teigoberfläche drücken. Olivenöl mit einem Backpinsel aufstreichen und den Fladen mit Thymian und Fleur de Sel bestreuen.

6. Die Focaccia auf das heiße, mit Backpapier belegte Backblech legen und 14 Minuten backen, bis sie eine goldbraune Farbe angenommen hat.

Glutenfreie Kakaobrötchen

ZUBEREITUNG: 20 MINUTEN
RUHEZEIT: ½ STUNDE
BACKZEIT: ½ STUNDE

>>>--->

Für 8 Brötchen
250 g Reismehl
50 g Mandelmehl
250 g heißes Wasser (90 °C)
6 g Salz
10 g Frischhefe
60 g Sauerteigansatz aus Reismehl
  (S. 34)
30 g Reissirup
8 g Kakaopulver zum Backen
100 g vegane dunkle Schokotropfen

1. Das Reismehl mit Mandelmehl in der Rührschüssel der Küchen-maschine mit Flachrührereinsatz vermischen. Anschließend das heiße Wasser hinzufügen und solange rühren, bis eine homogene Masse entsteht.

2. Den Teig auf 40 °C abkühlen lassen und die Temperatur mit einem Thermometer überprüfen. Sobald diese erreicht ist, Salz, zerkleiner-te Hefe, Sauerteigansatz, Reissirup, Kakaopulver und Schokostücke untermischen, bis eine glatte Masse entsteht.

3. Den Teig auf eine mit Reismehl bestreute Arbeitsfläche geben und mit einem Teigschaber in acht gleich große Portionen teilen. Die Teiglinge rundschleifen (siehe S. 22), mit einem bemehlten Tuch (Reis-mehl) abdecken und etwa eine halbe Stunde bei Zimmertemperatur gehen lassen.

4. Den Backofen samt Backblech und einem hitzebeständigen, mit Wasser gefüllten Gefäß auf 180 °C (Ober-/Unterhitze) vorheizen. Die Brötchen eine halbe Stunde backen. Sie sind fertig, wenn sich an der Oberfläche Risse zeigen und sie beim Klopftest hohl klingen.

Glutenfreie Maisbrötchen mit Kurkuma

ZUBEREITUNG: 20 MINUTEN
RUHEZEIT: ½ STUNDE
BACKZEIT: ½ STUNDE

Für 8 Brötchen
250 g Reismehl
50 g Maismehl
250 g heißes Wasser (90 °C)
6 g Salz
10 g Frischhefe
60 g Sauerteigansatz aus Reismehl
(S. 34)
5 g Kurkumapulver
100 g Trockenfruchtmischung (Haselnüsse, Pistazien, Aprikosen, Pflau-
men, Rosinen, Cranberrys), nach
Geschmack zerkleinert

1. Das Reismehl mit Maismehl im Behälter der Küchenmaschine mit Flachrühereinsatz vermischen. Das heiße Wasser zugießen und solange rühren, bis eine glatte Masse entstanden ist.

2. Die Teigtemperatur mit Hilfe eines Thermometers überprüfen. Sobald der Teig auf 40 °C abgekühlt ist, Salz, zerkleinerte Hefe, Sauerteigansatz, Kurkuma und Trockenfrüchte hinzufügen und die Zutaten solange verrühren, bis eine gleichmäßige Masse entsteht.

3. Den Teig auf eine mit Reismehl bestreute Arbeitsfläche geben und mit einem Teigschaber in acht gleich große Portionen teilen. Die Teiglinge rundschleifen (siehe S. 22), mit einem bemehlten Tuch (Reismehl) abdecken und etwa eine halbe Stunde bei Zimmertemperatur gehen lassen.

4. Den Backofen auf 180 °C vorheizen.
Die Brötchen auf ein mit Backpapier belegtes Backblech legen und eine halbe Stunde backen. Sie sind fertig, wenn sich an der Oberfläche Risse zeigen und sie beim Klopftest hohl klingen.

Sesam-Buns

KNETZEIT: 8 MINUTEN
RUHEZEIT IM KÜHLEN: 2 STUNDEN
AUFARBEITUNGSZEIT:
1 ½ STUNDEN
BACKZEIT: 10 MINUTEN

Für 5 Buns
Teig für Feingebäck
125 g Weizenmehl, Type 550
125 g Weizenmehl, Type 405
20 g Zucker
80 g Sojadrink
80 g Wasser
5 g Salz
5 g Frischhefe
25 g flüssiger Sauerteig (S. 30)
40 g selbst gemachte Margarine
   (S. 38)

Finish
40 g pflanzliche Milch (S. 10)
25 g Sesam

1. Einen Teig für Feingebäck herstellen wie auf Seite 48 beschrieben, und zwei Stunden abgedeckt im Kühlschrank ruhen lassen.

2. Den Teig auf einer bemehlten Arbeitsfläche mit einem Teigschaber in fünf gleich große Portionen teilen. Die Teiglinge rundschleifen (siehe S. 22).

3. Die Teiglinge auf ein mit Backpapier belegtes Backblech setzen und die Oberfläche mit einem Pflanzendrink nach Wahl bepinseln, damit sie beim Backen schön bräunen. Mit einem Tuch abdecken und anderthalb Stunden in warmer Umgebung gehen lassen.

4. Den Backofen auf 170 °C (Umluft) vorheizen.
Die Brötchen erneut bepinseln und mit Sesamkörner bestreuen. Im Ofen etwa zehn Minuten backen, bis sie goldbraun sind.

Tomaten-Basilikum-Stangenbrote

AUTOLYSE: 1 STUNDE
KNETZEIT: 12 MINUTEN
ERSTE RUHEZEIT: 1 ½ STUNDEN
ZWEITE RUHEZEIT: ½ STUNDE
STÜCKGARE: ½ STUNDEN
BACKZEIT: 17 MINUTEN

Für 5 Ficelles (dünne Stangenbrote)
265 g Weizenmehl, Type 550
185 g Wasser + 11 g Wasser zum Ein-
    arbeiten (Bassinage-Wasser)
5 g Salz
4 g Frischhefe
13 g Basilikumöl
4 eingelegte, getrocknete Tomaten

1. Aus Mehl, Wasser, Salz und Hefe einen Basisteig, wie auf Seite 40 beschrieben, herstellen. Gegen Ende des Knetvorgangs das Basilikumöl zwei Minuten auf niedrigster Stufe vollständig in den Teig einarbeiten. Abdecken und 45 Minuten ruhen lassen.

2. Die getrockneten Tomaten in kleine Stücke schneiden und beim Falten und Dehnen in den Teig einarbeiten. Nochmals abdecken und 45 Minuten ruhen lassen.

3. Den Teig auf eine bemehlte Arbeitsfläche geben und mit einem Teigschaber in fünf gleich große Portionen teilen. Die Teiglinge lang-wirken (siehe S. 24), anschließend abdecken und eine halbe Stunde entspannen lassen.
Die Ficelles der Länge nach gegenläufig verdrehen (siehe Abbildung).

4. Die Ficelles auf Backpapier setzen, abdecken und bei Zimmertem-peratur eine halbe Stunde gehen lassen.

5. Den Backofen samt Backblech und einem hitzebeständigen, mit Wasser gefüllten Gefäß auf 260 °C (Ober-/Unterhitze) vorheizen.
Die Ficelles auf dem Backpapier auf das Blech geben und zwölf bis 15 Minuten im Ofen backen, bis sie goldbraun sind.

Oliven-Stangenbrote

AUTOLYSE: 1 STUNDE
KNETZEIT: 12 MINUTEN
ERSTE RUHEZEIT: 1 ½ STUNDEN
ZWEITE RUHEZEIT: ½ STUNDE
STÜCKGARE: ½ STUNDE
BACKZEIT: 17 MINUTEN

Für 6 Ficelles (dünne Stangenbrote)
265 g Weizenmehl, Type 550
185 g Wasser + 11 g Wasser
   zum Einarbeiten
   (Bassinage-Wasser)
5 g Salz
4 g Frischhefe
240 g schwarze Oliven, entkernt
   und nach Geschmack zerkleinert

Aus Mehl, Wasser, Salz und Hefe einen
Basisteig, wie auf Seite 40 beschrieben,
herstellen. Gegen Ende des Knetvorgangs die Oliven zwei Minuten auf niedrigster Stufe in den Teig einarbeiten.
Abdecken und anderthalb Stunden
ruhen lassen, nach der Hälfte der Zeit
dehnen und falten (siehe S. 22).
Mit dem Rezept fortfahren wie auf
Seite 94 beschrieben.

Zwiebel-Stangenbrote

AUTOLYSE: 1 STUNDE
KNETZEIT: 12 MINUTEN
ERSTE RUHEZEIT: 1 ½ STUNDEN
ZWEITE RUHEZEIT: ½ STUNDE
STÜCKGARE: ½ STUNDE
BACKZEIT: 17 MINUTEN

Für 6 Ficelles (dünne Stangenbrote)
70 g Zwiebeln, geschält
70 g Wasser
265 g Weizenmehl, Type 550
185 g Wasser + 11 g Wasser
   zum Einarbeiten
   (Bassinage-Wasser)
5 g Salz
4 g Frischhefe
3 g Thymianpulver
3 g Rosmarinpulver
20 g veganer Käse, gerieben

Die Zwiebeln in dünne Scheiben
schneiden und im Wasser ziehen
lassen.
Aus Mehl, Wasser, Salz und Hefe einen
Basisteig, wie auf Seite 40 beschrieben,
herstellen. Gegen Ende des Knetvorgangs die gut abgetropften und
trocken getupften Zwiebeln sowie
Thymian und Rosmarin hinzufügen.
Alles zwei Minuten auf niedrigster Stufe
vollständig in den Teig einarbeiten. Abdecken und anderthalb Stunden ruhen
lassen, nach der Hälfte der Zeit dehnen
und falten.
Mit dem Rezept fortfahren wie auf
Seite 94 beschrieben. Dabei die lang-
gewirkten Teiglinge vor der Stückgare
mit dem veganen Käse bestreuen.

Grissini

ZUBEREITUNG: ½ STUNDE
RUHEZEIT: ½ STUNDE
BACKZEIT: 10–15 MINUTEN

Für 15–20 Grissini
225 g Weizenmehl, Type 550
7 g Frischhefe
5 g Salz
135 g lauwarmes Wasser (20–25 °C)
20 g Olivenöl

Garnitur
40 g nach Geschmack: z. B. Saaten,
    Fleur de Sel, Paprikapulver, Knob-
    lauchpulver, frisch gemahlener
    Pfeffer, Tomatensauce oder weitere
    Gewürze

1. Das Mehl mit zerbröckelter Hefe, Salz und lauwarmem Wasser in der Rührschüssel der Küchenmaschine mit Knethaken zunächst vier Minuten auf niedrigster Stufe, dann sechs Minuten auf mittlerer Geschwindigkeit verkneten (siehe S. 16), bis sich der Teig von der Schüsselwand löst. (Für die Knetung von Hand, siehe S. 18.)

2. Den Teig in der abgedeckten Schüssel bei Zimmertemperatur eine halbe Stunde gehen lassen.

3. Den Backofen auf 180 °C (Ober-/Unterhitze) vorheizen. Den Teig auf einer bemehlen Arbeitsfläche mit einer Teigrolle einen Zentimeter dick ausrollen. Dann der Länge nach in ein Zentimeter breite Streifen schneiden.

4. Die Streifen mit Zutaten nach Wahl bestreuen, vorsichtig festdrücken. Die Teiglinge an beiden Enden fassen und auf eine Länge von 30 Zentimetern ziehen. Mit Abstand auf ein mit Backpapier belegtes Backblech legen.

5. Die Oberfläche der Grissini mit Olivenöl bepinseln. Im vorgeheizten Ofen so lange backen, bis sie oben und an den Seiten goldbraun und an der Unterseite hellbeige sind.

4

FEINGEBÄCK

Croissants

ZUBEREITUNG: 1 ½ STUNDEN
RUHEZEIT: 5 ½ STUNDEN
BACKZEIT: ¼ STUNDE

Für 8–10 Croissants
Teig
375 g Weizenmehl, Type 405
25 g Weizenmehl, Type 550
225 g Mandeldrink
10 g Salz
15 g Frischhefe
60 g Zucker
40 g selbst gemachte Margarine
(S. 38)

Tourierfett
285 g selbst gemachte Margarine
(S. 38)

Zum Bestreichen
40 g Pflanzendrink
4 g Zucker

1. Einen Croissant-Teig vorbereiten, wie auf Seite 42 beschrieben, und entsprechend ruhen lassen.

2. Den Teig einen Zentimeter dick ausrollen und jeweils spitze Dreiecke mit einer Grundseite von zwölf und Seitenlängen von 22 Zentimetern ausschneiden. In der Mitte jedes Dreiecks einen kleinen Schnitt (½ cm) anbringen.

3. Die Dreiecke jeweils von der Grundlinie her nicht zu fest zusammenrollen. Die Spitze des Dreiecks muss oben liegen. Die Croissants nun mit mindestens vier Zentimetern Abstand auf ein mit Backpapier belegtes Blech legen.

4. Die Abglänz-Flüssigkeit vorbereiten: Dazu den Pflanzendrink mit Zucker so lange mit einem Schneebesen aufschlagen, bis sich der Zucker darin aufgelöst hat. Die Croissants damit bepinseln und unbedeckt zweieinhalb Stunden bei 25 °C ruhen lassen.

5. Den Backofen auf 180 °C (Umluft) vorheizen.
Die Croissants erneut abglänzen, dann ungefähr eine Viertelstunde backen, bis sie gut aufgegangen und goldbraun sind.

Frische Croissants innerhalb von zwei Tagen verzehren.

Formen   **Abglänzen**

Pain au Chocolat

ZUBEREITUNG: 1 ½ STUNDEN
RUHEZEIT: 5 ½ STUNDEN
BACKZEIT: ¼ STUNDE

Für 8 Stück
Teig
375 g Weizenmehl, Type 405
125 g Weizenmehl, Type 550
225 g Mandeldrink
10 g Salz
15 g Frischhefe
60 g Zucker
40 g selbst gemachte Margarine
   (S. 38)

Tourierfett
285 g selbst gemachte Margarine
   (S. 38)

Füllung
16 vegane dunkle Schokoladenstäbe
   (backfest)

Zum Bestreichen
40 g Pflanzendrink
4 g Zucker

1. Einen Croissant-Teig vorbereiten, wie auf Seite 42 beschrieben, und entsprechend ruhen lassen.

2. Den Teig zu einem zentimeterdicken Rechteck ausrollen. Daraus Rechtecke mit einer Kantenlänge von acht mal 13 Zentimetern schneiden.
Einen Schokoladenstab zwei Zentimeter parallel zur kurzen Kante auflegen. Dann diese Teigseite darüberschlagen, den zweiten Stab auflegen und weiter aufrollen. Die Naht sollte sich dann auf der Oberseite befinden, leicht festdrücken.

3. Die Abglänz-Flüssigkeit vorbereiten: Dazu den Pflanzendrink mit Zucker so lange mit einem Schneebesen aufschlagen, bis sich der Zucker darin aufgelöst hat. Die Teigstücke von oben und seitlich damit bepinseln und unbedeckt zweieinhalb Stunden bei 25 °C ruhen lassen.

4. Den Backofen auf 180 °C (Umluft) vorheizen.
Die Pains au Chocolat erneut abglänzen, auf ein mit Backpapier belegtes Blech setzen und ungefähr eine Viertelstunde backen, bis sie gut aufgegangen und goldbraun sind.

Frische Pains au Chocolat innerhalb von zwei Tagen verzehren.

Formen

Abglänzen

Rosinenschnecken

EINWEICHZEIT: ÜBER NACHT
ZUBEREITUNG:
1 STUNDE 35 MINUTEN
RUHEZEIT: 5 ½ STUNDEN
BACKZEIT: ¼ STUNDE

Für 8 Schnecken

Teig
170 g Weizenmehl, Type 405
55 g Weizenmehl, Type 550
100 ml Mandeldrink
5 g Salz, 7 g Frischhefe
30 g Zucker
18 g selbst gemachte Margarine (S. 38)

Tourierfett
130 g selbst gemachte Margarine
    (S. 38)

Konditorcreme
450 g Sojadrink
50 g Rohrohrzucker
8 g Vanille-Extrakt
50 g Traubenkernöl
40 g Maisstärke

Garnitur
200 g Rosinen, über Nacht
    eingeweicht

Zum Bestreichen
20 ml Pflanzendrink

Glasur
25 ml Wasser
25 g Zucker

1. Einen Croissant-Teig vorbereiten, wie auf Seite 42 beschrieben, und entsprechend ruhen lassen.

2. Die Konditorcreme herstellen (siehe S. 62), abdecken und bis zu einer Stunde in den Kühlschrank stellen, damit sie etwas fest wird.

3. Den Teig acht Millimeter dick auf eine Breite von 30 Zentimetern ausrollen. Die Konditorcreme mit einem Teigschaber darauf verteilen. Die Rosinen gut in einem Sieb abtropfen lassen und auf der Creme verteilen – vor allem auf dem Seitenrand, von wo aus der Teig aufgerollt wird (dies ist später die Mitte der Schnecke). Den Teig straff aufrollen.

4. Die Rolle mit einem scharfen Messer im Abstand von vier Zentimetern zerteilen. Das lose Teigende bei jeder Schnecke unterschlagen und die Schnecken mit Abstand auf ein mit Backpapier belegtes Backblech setzen. Abdecken und zweieinhalb Stunden in warmer Umgebung gehen lassen.

5. Den Backofen auf 180 °C (Umluft) vorheizen. Die Rosinenschnecken mit dem Pflanzendrink bepinseln und eine Viertelstunde im Ofen backen, bis sie gleichmäßig gebräunt sind.

6. Für die Glasur das Wasser mit Zucker in einem Topf aufkochen und vom Herd nehmen. Die Rosinenschnecken noch heiß mit der Glasur bepinseln.

Aufrollen

Schneiden

Apfeltaschen

APFELFÜLLUNG:
1 STUNDE 10 MINUTEN
BLÄTTERTEIG: 10 STUNDEN
ZUBEREITUNG: 20 MINUTEN
BACKZEIT: ½ STUNDE

Für 8 Apfeltaschen

Teig
135 g selbst gemachte Margarine
   (S. 38)
445 g Weizenmehl, Type 550
9 g Salz
170 g Wasser
22 g Zucker

Tourierfett
220 g selbst gemachte Margarine
   (S. 38)

Zum Bestreichen
40 ml Pflanzendrink
4 g Zucker

Apfelfüllung
530 g Äpfel
30 g Zucker
40 g selbst gemachte Margarine (S. 38)
½ Vanillestange, längs halbiert

Glasur
25 ml Wasser
25 g Zucker

1. Einen Blätterteig vorbereiten, wie auf Seite 44 beschrieben, und entsprechend ruhen lassen.

2. Für die Füllung die Äpfel schälen, einen zurücklegen, die restlichen vierteln, dabei die Kerngehäuse entfernen. Apfelviertel mit Margarine, Zucker und dem ausgekratzten Mark sowie der Vanillestange in einen Topf geben und unter regelmäßigem Rühren eine Stunde abgedeckt bei mittlerer Hitze köcheln lassen. Abkühlen lassen und Vanillestangen entfernen. Den zurückgelegten Apfel in kleine Würfel schneiden und untermischen.

3. Den Blätterteig fünf Millimeter dick ausrollen. Mit einem Ausstecher acht ovale Stücke ausstechen.

4. Für die Abglänz-Flüssigkeit den Pflanzendrink und Zucker mit einem Schneebesen aufschlagen, bis sich der Zucker darin aufgelöst hat.
Die Apfelfüllung so auf der Hälfte eines Ovals verteilen, das noch ein Zentimeter Rand frei bleibt. Diesen Rand nun mit der Flüssigkeit bepinseln.

5. Die andere Hälfte des Ovals über die Füllung schlagen und die Teigränder mit sanftem Fingerdruck verschließen. Die Tasche vorsichtig umdrehen, so dass die flache Seite nach oben zeigt. Die so vorbereiteten Apfeltaschen auf ein mit Backpapier belegtes Blech setzen.

6. Den Backofen auf 180 °C (Umluft) vorheizen.
Die Apfeltaschen mit dem Rest der Flüssigkeit bepinseln und mit einem Messer parallel feine Lamellen bis auf Tiefe der Füllung einschneiden.
Die Taschen im Ofen eine halbe Stunde backen, bis sie goldbraun und gut aufgegangen sind.

7. Für die Glasur Wasser und Zucker in einem Topf aufkochen und vom Herd nehmen. Die noch heißen Apfeltaschen sofort damit bepinseln, sobald sie aus dem Ofen kommen; so glänzen sie später schön.

Zimtknoten

TEIG FÜR FEINGEBÄCK:
2 STUNDEN 20 MINUTEN
RUHEZEIT IM KÜHLEN: ½ STUNDE
ZUBEREITUNG: 25 MINUTEN
BACKZEIT: ¼ STUNDE

Für 10 Stück

Teig
250 g Weizenmehl, Type 550
250 g Weizenmehl, Type 405
40 g Zucker
165 g Sojadrink
165 g Wasser
10 g Salz
10 g Frischhefe
50 g flüssiger Sauerteig (S. 30)
75 g selbst gemachte Margarine (S. 38)

Füllung
25 g selbst gemachte Margarine (S. 38)
20 g Zimtpulver
40 g Zucker

Glasur
100 g Puderzucker
15 ml Sojadrink
5 ml Zitronensaft

1. Einen Teig für Feingebäck vorbereiten, wie auf Seite 48 beschrieben, und entsprechend ruhen lassen.
Den Teig zu einem dünnen Rechteck (40 × 30 cm) ausrollen und auf ein mit Backpapier belegtes Backblech legen. Abgedeckt eine halbe Stunde im Kühlschrank ruhen lassen.
Auf einer bemehlten Arbeitsfläche den Teig nun zu einem noch dünneren Rechteck (45 × 40 cm) ausrollen.

2. Für die Zimtfüllung die Margarine in einem Topf schmelzen und die Teigoberfläche damit bepinseln. Zimt und Zucker gründlich verrühren und gleichmäßig auf der Margarinenschicht verteilen.
Den Teig zu einem Drittel einschlagen, das restliche Drittel darüberlegen, so dass eine Teigfläche von 15 × 40 cm entsteht. Den Teig zu einem Rechteck mit den Maßen 20 × 40 cm ausrollen.

3. Mit einem scharfen Messer zehn Streifen je zwei Zentimeter breit vom Teig abschneiden. Die Streifen auf ein mit Backpapier belegtes Backblech legen.

4. Den Backofen auf 170 °C (Umluft) vorheizen.
Nun jeden Streifen an den Enden auf eine Länge von 50 bis 60 Zentimetern ziehen. Die äußeren Enden leicht festhalten und die Streifen gegenläufig verdrehen. Das eine Ende nach unten biegen und mit einer Hand fixieren. Mit der anderen Hand den Streifen drumherum wickeln. Zum Schluss den Kringel umdrehen und das lose Ende in der Mitte festdrücken, so dass ein großer, runder Knoten entsteht.

5. Die Knoten im Ofen eine Viertelstunde goldbraun backen.
Inzwischen für die Glasur Puderzucker, Sojadrink und Zitronensaft mit einem kleinen Schneebesen glattrühren.
Die Knoten noch heiß damit glasieren, sobald sie aus Backofen kommen.

Bostock – Briocheschnitten

ZUBEREITUNG: 40 MINUTEN
BACKZEIT: 12 MINUTEN

Für 10 Stück
1 große Brioche nach Wahl

Mandelcreme
190 g Mandelmehl
150 g selbst gemachte Margarine
  (S. 38)
125 g Puderzucker
70 g Sojadrink
35 g Maisstärke
20 g Kartoffelstärke
2 g Salz

Sirup
125 g Wasser
150 g Zucker
15 g Mandelmehl
12 g Orangenblütenwasser

Garnitur
20 g Mandelblättchen
10 g Puderzucker

1. Für die Mandelcreme die selbst gemachte Margarine in der Rührschüssel der Küchenmaschine mit Flachrührereinsatz schaumig schlagen. Puderzucker, Mandelmehl, Sojadrink, Salz, Mais- und Kartoffelstärke hinzufügen und alles zu einer glatten Masse verrühren. Die Mandel-Creme in einen Spritzbeutel füllen.

2. Für den Sirup Wasser mit Zucker, Mandelmehl und Orangenblütenwasser in einem Topf aufkochen. Vom Herd nehmen und beiseitestellen.

3. Die Brioche in drei Zentimeter dicke Stücke schneiden, in den Sirup legen und wenden. Die mit Sirup getränkten Stücke auf ein mit Backpapier belegtes Blech setzen.

4. Den Backofen auf 170 °C (Umluft) vorheizen.
Auf jede Briochescheibe Mandelcreme mit dem Tortenspritzbeutel auftragen, die Mandelblättchen jeweils großzügig darüber verteilen. Die Scheiben nun zwölf Minuten im Ofen backen, bis die Mandelcreme einen schönen Goldton angenommen hat.
Nach dem Backen auf ein Abkühlgitter legen und auskühlen lassen. Abschließend mit Puderzucker bestäuben.

Brioche Butchy

KNETZEIT: 24 MINUTEN
AUFARBEITUNGSZEIT: ½ STUNDE
RUHEZEIT IM KÜHLEN:
MINDESTENS 3 STUNDEN
RUHEZEIT: 2 STUNDEN
BACKZEIT: 42 MINUTEN

Für 1 Brioche
390 g Weizenmehl, Type 405
40 g Maisstärke
210 g Wasser
6 g Salz
2 g Vanille-Extrakt
58 g Zucker
16 g Frischhefe
120 g selbst gemachte Margarine
  (S. 38)

Für die Form
selbst gemachte Margarine (S. 38)

Zum Bestreichen
40 ml Pflanzendrink
4 g Zucker

1. Einen Brioche-Teig vorbereiten, wie auf Seite 46 beschrieben, und entsprechend ruhen lassen.

2. Den Teig danach auf einer bemehlten Arbeitsfläche mit dem Teigschaber in zwölf gleich große Portionen aufteilen. Alle Teiglinge rundschleifen (siehe S. 22) und dicht an dicht in eine rechteckige, gefettete Backform setzen, am besten aus Edelstahl.

3. Für die Abglänz-Flüssigkeit den Pflanzendrink und Zucker mit einem Schneebesen aufschlagen, bis sich der Zucker aufgelöst hat. Die Brioche in der Form damit bepinseln und bei Zimmertemperatur zwei Stunden abgedeckt gehen lassen.

4. Den Backofen auf 170 °C (Umluft) vorheizen. Die Brioche 42 Minuten im Ofen backen, bis sie goldbraun ist.

Frische Brioches innerhalb von zwei Tagen verzehren.

Brioche au Chocolat

ZUBEREITUNG: 40 MINUTEN
RUHEPHASE: ÜBER NACHT
KÜHLZEIT: 20 MINUTEN
RUHEZEIT: 1 ½ BIS 2 STUNDEN
BACKZEIT: CA. 35 MINUTEN

Für 1 Brioche
370 g Weizenmehl, Type 405
35 g Maisstärke
200 g Wasser
6 g Salz
2 g Vanille-Extrakt
55 g Zucker
15 g Frischhefe
110 g selbst gemachte Margarine
   (S. 38)

200 g vegane dunkle Schokotropfen

Für die Form
selbst gemachte Margarine (S. 38)

Zum Bestreichen
20 ml Pflanzendrink

Glasur
25 ml Wasser
25 g Zucker

1. Am Vortag einen Brioche-Teig vorbereiten, wie auf Seite 46 beschrieben. Über Nacht abgedeckt im Kühlschrank ruhen lassen.

2. Den Teig auf einer bemehlten Arbeitsfläche zu einem drei Millimeter dicken, großen Rechteck ausrollen. Die Schokostreusel darauf verteilen.

3. Den Teig zu einem möglichst langen Strang aufrollen und auf ein mit Backpapier belegtes Blech legen. Abgedeckt zwanzig Minuten im Tiefkühlschrank ruhen lassen.

4. Den Teigstrang mit einem scharfen Messer in sieben Zentimeter breite Stücke schneiden.

5. Die Stücke vorsichtig in eine vorgefettete Kastenform (10 × 30 cm) setzen und abgedeckt bei Zimmertemperatur oder in warmer Umgebung anderthalb bis zwei Stunden gehen lassen.

6. Den Backofen auf 160 °C (Umluft) vorheizen.
Die Briochestücke in der Form mit dem Pflanzendrink bepinseln. Im Ofen auf der mittleren Schiene ungefähr 35 Minuten backen.

7. Für die Glasur Wasser und Zucker in einem Topf aufkochen, vom Herd nehmen und beiseitestellen.

8. Die Schoko-Brioche sofort nach dem Backen aus der Form auf Abkühlgitter geben und noch heiß glasieren.
Vor dem Verzehr mindestens eine halbe Stunde auf dem Gitter abkühlen lassen.

Babka

ZUBEREITUNG: 40 MINUTEN
RUHEPHASE: ÜBER NACHT
KÜHLZEIT: 20 MINUTEN
RUHEZEIT: 1½ BIS 2 STUNDEN
BACKZEIT: CA. 35 MINUTEN

Für 1 große Babka

Brioche-Teig
370 g Mehl, Type 405
35 g Maisstärke
200 g Wasser
6 g Salz
2 g Vanille-Extrakt
55 g Zucker
15 g Frischhefe
110 g selbst gemachte Margarine
  (S. 38)

Füllung
65 g ungehäutete Haselnusskerne
65 g ungehäutete Mandeln
75 g Zucker
1 g Salz
200 g vegane dunkle Schokolade

Für die Form
selbst gemachte Margarine (S. 38)

Zum Bestreichen
20 ml Pflanzendrink

Glasur
25 ml Wasser
25 g Zucker

1. Am Vortag einen Brioche-Teig vorbereiten, wie auf Seite 46 beschrieben. Über Nacht abgedeckt im Kühlschrank ruhen lassen.

2. Für die Füllung eine Praliné-Creme vorbereiten, wie auf Seite 54 beschrieben. Die dunkle Schokolade über dem Wasserbad schmelzen und unter die Praliné-Creme rühren, bis eine homogene Masse entsteht.

3. Den Brioche-Teig auf einer bemehlten Arbeitsfläche ungefähr drei Millimeter dick zu einem großen Rechteck ausrollen.

4. Die Creme mit einem Teigschaber auf der Teigoberfläche verteilen, rundum einen zentimeterbreiten Rand freilassen.

5. Den Teig zu einem möglichst langen Strang aufrollen und auf ein mit Backpapier belegtes Blech legen. Abdecken und zwanzig Minuten im Tiefkühlfach ruhen lassen.

6. Den Teigstrang der Länge halbieren und einfach flechten, indem abwechselnd der eine Teigstrang über den anderen gelegt wird.

7. Den Zopf vorsichtig in eine gefettete Kastenform (10 × 30 cm) legen. Abdecken und anderthalb bis zwei Stunden bei Zimmertemperatur oder in warmer Umgebung gehen lassen.

8. Den Backofen auf 160 °C (Umluft) vorheizen.
Die Babka in der Form mit Pflanzendrink bepinseln.
Im Ofen auf mittlerer Schiene ungefähr 35 Minuten backen.

9. Für die Glasur Wasser und Zucker in einem Topf aufkochen, vom Herd nehmen und beiseitestellen.

10. Die Babka sofort nach dem Backen aus der Form auf ein Abkühlgitter geben und noch heiß glasieren.
Vor dem Verzehr mindestens eine halbe Stunde auf dem Gitter abkühlen lassen.

Gugelhupf

EINWEICHEN: AM VORTAG
KNETZEIT: 24 MINUTEN
AUFARBEITUNGSZEIT: ½ STUNDE
RUHEZEIT IM KÜHLEN:
MINDESTENS 3 STUNDEN
RUHEZEIT: 2 STUNDEN
BACKZEIT: ½ STUNDE

Für 2 Gugelhupfe à ca. 250 Gramm
85 g Rosinen
7 g Rum
190 g Weizenmehl, Type 405
100 g Wasser
3 g Salz
3 g Orangenblütenwasser
1 g Vanille-Extrakt
12 g Zucker
12 g Rohrohrzucker oder anderer
    Vollzucker
7 g Frischhefe
95 g selbst gemachte Margarine (S. 38)

Für die Form
selbst gemachte Margarine (S. 38)
20 g ungehäutete Mandeln
20 g Mandelblättchen

Zum Bestreichen
400 g Zucker
400 ml Wasser
20 g natives Kokosöl

Finish
10 g Puderzucker

**2 GUGELHUPF-FORMEN
MIT 9–10 CM DURCHMESSER**

1. Die Rosinen am Vortag in Rum einweichen.

2. Am Backtag die Rosinen in einem Sieb abtropfen lassen. Mehl, Wasser, Salz, Orangenblütenwasser und Vanille in der Rührschüssel der Küchenmaschine mit Knethaken acht Minuten auf niedrigster Stufe verkneten (siehe S. 16). Beide Zucker dazugeben und nochmals acht Minuten kneten. Die zerbröckelte Hefe hinzufügen und erneut acht Minuten kneten. Zum Schluss die Margarine vollständig in den Teig einarbeiten, anschließen die abgetropften Rosinen untermischen. (Für die Knetung von Hand, siehe S. 18.)

3. Den Teig abdecken und eine halbe Stunde bei Zimmertemperatur in der Schüssel ruhen lassen. Danach in der Schüssel dehnen und falten (siehe S. 20).

4. Den Teig wieder abdecken und mindestens drei Stunden im Kühlschrank ruhen lassen.

5. Den Teig im Anschluss mit einem Teigschaber in zwei gleich große Teiglinge aufteilen.

6. Die beiden Formen fetten. Den Boden jeder Form mit den ganzen Mandeln auslegen, die Wände mit den Mandelblättchen auskleiden.
Die Teiglinge in die Form geben, abdecken und weitere zwei Stunden in warmer Umgebung gehen lassen. Sobald der Teig bis etwa einen Zentimeter unter den Rand der Form aufgegangen ist, können die Gugelhupfe gebacken werden.

7. Den Backofen auf 170 °C (Umluft) vorheizen.
Die beiden Gugelhupfe darin eine halbe Stunde backen.

8. Wasser und Zucker in einem Topf aufkochen und zur Seite stellen. Kokosöl erwärmen, bis es flüssig ist.
Die Gugelhupfe sofort nach dem Backen aus der Form nehmen und auf ein Abkühlgitter stellen.
Jeweils zunächst mit Sirup bepinseln, dann mit Kokosöl, zuletzt mit Puderzucker überstäuben.

Wiener Baguette

ZUBEREITUNG: 20 MINUTEN
RUHEZEIT IM KÜHLEN: 5 STUNDEN
STÜCKGARE: 1 STUNDE
BACKZEIT: ¼ STUNDE

Für 4 Stück à ca. 125 g
160 g Weizenmehl, Type 550
160 g Weizenmehl, Type 405
26 g Zucker
108 g Sojadrink
108 g Wasser
7 g Salz
7 g Frischhefe
33 g flüssiger Sauerteig (S. 30)
50 g selbst gemachte Margarine
   (S. 38)

1. Einen Teig für Feingebäck vorbereiten, wie auf Seite 48 beschrieben, jedoch fünf Stunde abgedeckt im Kühlschrank ruhen lassen.

2. Den Teig auf eine bemehlte Arbeitsfläche geben, mit einem Teigschaber in vier gleich große Portionen aufteilen. Die Teiglinge langwirken (siehe S. 24).

3. Mit einem feuchten Tuch abdecken und die Teiglinge eine Stunde in warmer Umgebung gehen lassen.

4. Den Backofen samt Blech und einem mit Wasser gefüllten, hitzebeständigen Gefäß auf 180 °C (Umluft) vorheizen.
Die Oberfläche der Teiglingen mit einem scharfen Messer lammellenartig einschneiden. Das Messer dabei senkrecht halten.
Die Teiglinge auf das mit Backpapier ausgelegte Blech setzen und im Ofen eine Viertelstunde backen, bis sie goldbraun sind.

Die Wiener Baguettes innerhalb von zwei Tagen verzehren.

Apfelgitterkuchen

ZUBEREITUNG: 40 MINUTEN
RUHEZEIT IM KÜHLEN: 8 STUNDEN
BACKZEIT: 1½ STUNDEN

Für 1 Kuchen à 8 Stück

Teig
55 g selbst gemachte Margarine (S. 38)
180 g Weizenmehl, Type 550
4 g Salz
70 g Wasser
9 g Zucker

Tourierfett
90 g selbst gemachte Margarine (S. 38)

Mandelcreme
75 g selbst gemachte Margarine (S. 38)
65 g Puderzucker
35 g Sojadrink
95 g Mandelmehl
20 g Maisstärke
8 g Kartoffelstärke
1 Prise Salz

Karamellisierte Äpfel
1,2 kg Äpfel
120 g Rohrohr- oder
    anderer Vollzucker
200 g Rosinen

Zum Bestreichen
20 g Pflanzendrink

1. Einen Blätterteig vorbereiten, wie auf Seite 44 beschrieben, jedoch acht Stunde abgedeckt im Kühlschrank ruhen lassen.
Eine Mandelcreme herstellen, wie auf Seite 58 vermerkt.

2. Für die Apfelfüllung die Äpfel schälen und entkernen, dann in mittelgroße Stücke schneiden.
Den Rohrohrzucker bei mittlerer Hitze in einem Topf erhitzen und ohne zu rühren karamellisieren lassen. Wenn er eine Bernsteinfärbung angenommen hat, ist der Karamell fertig. Dann sofort die Hitze reduzieren, Äpfel und Rosinen dazugeben und unter gelegentlichem Rühren eine halbe Stunde bei sanfter Hitze köcheln lassen. Danach in ein anderes Gefäß füllen und die Apfelmasse abkühlen lassen.

3. Den Teig auf einer bemehlten Arbeitsfläche mit einem Teigschaber halbieren. Die eine Hälfte zu einem ungefähr drei Millimeter dicken Rechteck (40 × 30 cm) ausrollen.

4. Das Rechteck auf ein mit Backpapier belegtes Backblech legen. Bis auf einen zentimeterbreiten Rand die Mandelcreme mit einem Teigschaber darauf verteilen. Anschließend die karamellisierten Äpfel gleichmäßig auf die Creme geben.

5. Die zweite Teighälfte ebenfalls zu einem ungefähr drei Millimeter dicken Rechteck (40 × 30 cm) ausrollen. Mit einem Gitterroller darübergehen und den Teig etwas auseinanderziehen, damit sich ein sichtbares Gitter bildet.

6. Das Teiggitter behutsam auf die Äpfel legen und die Außenkanten mit den Fingern auf den freigelassenen Rand der unteren Teigplatte drücken.

7. Den Backofen auf 160 °C (Ober-/Unterhitze) vorheizen.
Das Teiggitter mit dem Pflanzendrink abglänzen.
Im Ofen eine Dreiviertelstunde backen, bis die obere Teigschicht schön aufgegangen und goldbraun ist.

5

PLÄTZCHEN, KASTENKUCHEN & CO.

Schoko-Cookies mit Haselnusskaramell

ZUBEREITUNG: 25 MINUTEN
RÖSTZEIT: 20 MINUTEN
KÜHLZEIT: ½ STUNDE
BACKZEIT: 20 MINUTEN

Für ca. 16 Cookies

Teig
70 w ungehäutete Haselnusskerne
70 g ungehäutete Mandeln
20 g Haselnussbruch
62 g selbst gemachte Margarine
   (S. 38), zimmerwarm
108 g Rohrohr- oder
   anderer Vollzucker
10 g veganes Haselnuss-Mus
20 ml Sojadrink
125 g Weizenmehl, Type 405
3 g Fleur de Sel
1 g Backnatron
20 g vegane dunkle Schokolade (mind.
   70 % Kakaoanteil), klein gehackt

Schokopraliné-Creme
85 g Zucker
1 g Salz
225 g vegane dunkle Schokolade
   (mind. 70 % Kakaoanteil)

Haselnusskaramell
60 g Zucker
30 g Soja- oder Mandelsahne
20 g selbst gemachte Margarine (S. 38)
35 g Haselnüsse, geröstet, Haut ab-
   gerieben und grob zerkleinert

1. COOKIE-TEIG

Den Backofen auf 160 °C (Umluft) vorheizen.
Haselnüsse, Haselnussbruch und Mandeln auf einem Backblech 15 bis 20 Minuten im Ofen rösten. Danach mit einer Teigrolle grob zerkleinern. Margarine und Rohrzucker mit einem Stielteigschaber in einer Schüssel zu einer glatten Masse vermischen. Nussmus und Sojadrink hinzufügen und gut verrühren. Mehl, Natron und Fleur de Sel gründlich untermischen, zuletzt Nüsse und gehackte Schokolade unterrühren. Aus dem Teig Kugeln mit etwa 45 g formen, mit Abstand auf ein mit Backpapier belegtes Blech setzen und etwas flach drücken.

2. SCHOKOPRALINÉ-CREME

Während die Nüsse für den Teig rösten, den Zucker mit Salz in einem Topf bei mittlerer Hitze golden bräunen. Den Karamell auf ein Backpapier gießen und 20 Minuten abkühlen lassen. Dann in grobe Stücke schlagen und in einem Mixer pürieren. Die zunächst pulvrige Masse entwickelt sich nach und nach zu einer Praliné-Creme.
Die Schokolade über einem heißen Wasserbad schmelzen, die Praliné-Creme dazugeben und vermischen. Ein Backblech mit Backpapier auslegen und die Schokopraliné-Creme mit einem großen Löffel zu Scheiben von vier Zentimetern darauf streichen. Abdecken und eine halbe Stunde in den Kühlschrank stellen.

3. HASELNUSSKARAMELL

Die Soja- oder Mandelsahne in einem Topf sanft erwärmen und die Margarine darin auflösen, den Topf vom Herd nehmen. Nebenher den Zucker in einer Pfanne erhitzen, bis er Farbe annimmt. Sofort die Soja-Margarine-Mischung vorsichtig einrühren (Spritzgefahr!), damit der Karamell weich wird. Nun die Haselnüsse unterziehen.

4. FERTIGSTELLEN

Den Backofen auf 170 °C (Ober-/Unterhitze) vorheizen.
Auf jeden Cookie eine Schokoladenscheibe legen und so darüberwölben, dass sie nicht herunterrutschen kann.
Im Ofen 18 bis 20 Minuten backen, bis die Cookies etwas Farbe angenommen haben, aber noch weich sind.
Auf die noch heißen Cookies sofort mit einem Löffel den Haselnusskaramell verteilen, die Cookies auf einem Gitter abkühlen lassen.

Madeleines

ZUBEREITUNG: 20 MINUTEN
BACKZEIT: 20 MINUTEN

Für ca. 24 Madeleines

Teig
180 g Sojadrink
145 g Zucker
200 g Weizenmehl, Type 405
45 g Kartoffelstärke
14 g veganes Backpulver
20 g Mandelmehl
2 g Salz
50 g natives Kokosöl, verflüssigt
55 g Traubenkernöl
5 g Vanille-Extrakt
20 g Schalenabrieb einer Bio-Zitrone

Für die Form
selbst gemachte Margarine (S. 38)

1. Den Sojadrink und den Zucker mit einem Schneebesen aufschlagen, bis sich der Zucker darin aufgelöst hat.

2. Das Mehl mit Kartoffelstärke und Backpulver in eine Schüssel sieben. Mandelmehl und Salz gut unterrühren.

3. Die Öle mit dem gezuckerten Sojadrink und der Vanille in einer Schüssel vermischen. Die Trockenzutaten aus der anderen Schüssel und die Zitronenschale hinzufügen und gründlich verrühren.

4. Den Backofen auf 230 °C (Unterhitze) vorheizen.
Eine Madeleine-Form fetten. Den Teig in einen Spritzbeutel geben und die Madeleine-Mulden zu zwei Dritteln damit befüllen.
Im Ofen 15 bis 20 Minuten backen, bis sie eine deutlich goldbraune Färbung haben.

Financiers

ZUBEREITUNG: ¼ STUNDE
RUHEZEIT IM KÜHLEN:
MIND. 2 STUNDEN
BACKZEIT: 25 MINUTEN

— ◀◀◀◀

Für 12 Stück
85 g Weizenmehl, Type 405
2 g veganes Backpulver
150 g Puderzucker
65 g Mandelmehl
150 g Aquafaba oder Yumgo (S. 12)
65 g selbst gemachte Margarine
    (S. 38), geschmolzen
50 g Mandelblättchen

Für die Form
selbst gemachte Margarine (S. 38)

Für 12 Schokoladen-Financiers
55 g Weizenmehl, Type 405
2 g veganes Backpulver
65 g Mandelmehl
30 g Kakaopulver zum Backen
150 g Puderzucker
150 g Aquafaba oder Yumgo (S. 12)
65 g selbst gemachte Margarine (S. 38)
vegane dunkle Schokotropfen

Für 12 Pistazien-Financiers
85 g Weizenmehl, Type 405
2 g veganes Backpulver
65 g Mandelmehl
150 g Puderzucker
150 g Aquafaba oder Yumgo (S. 12)
65 g selbst gemachte Margarine (S. 38)
45 g vegane Pistazien-Creme
getrocknete Himbeeren

1. Das Mehl mit Backpulver und Puderzucker in eine Schüssel sieben (für Schokoladen-Financiers mit dem Kakao). Das Mandelmehl gründlich unterrühren. Dann Aquafaba oder Yumgo hinzufügen und mit einem Schneebesen gut vermischen.

2. Die geschmolzene Margarine einrühren, bis eine homogene Masse entsteht. (Für Pistazien-Financiers jetzt die Pistazien-Creme hinzufügen.)

3. Die Schüssel abdecken und die Masse bis zum nächsten Tag, mindestens aber zwei Stunden im Kühlschrank ruhen lassen.

4. Den Backofen auf 150 °C (Umluft) vorheizen. Eine Financiers-Backform fetten und den Teig mit einem Löffel oder Tortenspritzbeutel in die Mulden füllen. Die Mandelblättchen auf dem Teig verteilen (für Schokoladen-Financiers: Schokotropfen, für Pistazien-Financiers: Himbeeren). Im Ofen 20 bis 25 Minuten backen, bis die Financiers schön goldbraun sind und sich kleine Risse auf ihrer Oberfläche zeigen.

Anmerkung der Redaktion: Für dieses Gebäck eignen sich auch kleine Muffinförmchen.

Pancakes

ZUBEREITUNG: 10 MINUTEN
BACKZEIT: 20 MINUTEN

Für 10 Pancakes
175 g Weizenmehl, Type 405
20 g Maisstärke
30 g Zucker
8 g veganes Backpulver
5 g Fleur de Sel
50 g pflanzliches Öl nach Wahl
280 g Sojadrink

Pflanzenöl für die Pfanne

1. Das Mehl mit Maisstärke, Zucker, Backpulver und Salz mit einem Schneebesen in einer Schüssel vermischen.

2. Nach und nach Öl und Sojadrink zugießen, dabei mit dem Schneebesen immer kräftig aus der Mitte heraus rühren, bis eine glatte Masse entsteht.

3. Eine mit Öl ausgepinselte Pfanne auf mittlere Hitze bringen. Eine kleine Kelle voll Teig in die Pfanne geben und den Pancake eine Minute von jeder Seite backen. Fertige Pancakes im Ofen warmstellen. Mit dem restlichen Teig ebenso verfahren. Zum Wenden am besten einen Pfannenwender zur Hilfe nehmen.

4. Mit Ahornsirup und selbst gemachter Margarine (siehe S. 38) servieren.

Englische Muffins – Frühstücksbrötchen

ZUBEREITUNG: 20 MINUTEN
RUHEZEIT IM KÜHLEN:
MINDESTENS 2 STUNDEN
RUHEZEIT IM WARMEN:
1 ½ STUNDEN
BACKZEIT: 12 MINUTEN

Für 8 Muffins à ca. 100 g

Teig für Feingebäck
170 g Weizenmehl, Type 550
170 g Weizenmehl, Type 405
28 g Zucker
112 g Sojadrink
112 g Wasser
7 g Salz
7 g Frischhefe
34 g flüssiger Sauerteig (S. 30)
52 g selbst gemachte Margarine (S. 38)
68 g Weizengrieß
32 g Wasser

Für die Form
selbst gemachte Margarine (S. 38)

1. Aus den Zutaten einen Teig für Feingebäck vorbereiten, wie auf Seite 48 beschrieben. Sobald Sie die Margarine eingearbeitet ist, Weizengrieß und Wasser hinzufügen und alles gut vermischen.

2. Die Schüssel abdecken und den Teig mindestens zwei Stunden im Kühlschrank ruhen lassen.

3. Auf einer bemehlten Arbeitsfläche den Teig mit einem Teigschaber in acht gleich große Portionen aufteilen. Die Teiglinge rundschleifen (siehe S. 22).

4. Die Teiglinge in gefettete runde Mulden oder Formen mit einem Durchmesser von zehn Zentimetern legen. Auf ein Backblech stellen, abdecken anderthalb Stunden in warmer Umgebung (25–28°C) ruhen lassen.

5. Den Backofen auf 170 °C (Umluft) vorheizen.
Die Formen mit Backpapier und einem leichten, dünnen Blech bedecken.
Im Ofen zehn bis zwölf Minuten backen, bis die Muffins oben und unten Farbe angenommen haben, ansonsten aber noch hell sind.

Die Frühstücksmuffins innerhalb von zwei Tagen verzehren.

Brownies

ZUBEREITUNG: 20 MINUTEN
BACKZEIT: 20 MINUTEN

Für 8–10 Stück
450 g vegane dunkle Schokolade
360 g selbst gemachte Margarine
  (S. 38)
400 g Zucker
400 g Wasser
200 g Weizenmehl, Type 405
6 g veganes Backpulver
90 g Maisstärke
7 g Salz
100 g Nussmischung (Pekannüsse,
  Haselnüsse) mit Mandeln

Für die Form
selbst gemachte Margarine (S. 38)

1. Die Schokolade mit Margarine über dem heißen Wasserbad schmelzen, bis die Mischung eine Temperatur von 45–50 °C hat.

2. Den Zucker mit Wasser und der flüssigen Schokomasse in einer Schüssel mit dem Schneebesen glattrühren. Nun noch fünf Minuten weiterrühren.

3. In einer anderen Schüssel das Mehl mit Backpulver, Maisstärke und Salz vermischen. Die trockenen Zutaten zur Schokoladenmasse geben und weitere fünf Minuten rühren.

4. Den Backofen auf 170 °C (Ober-/Unterhitze) vorheizen. Den Teig in eine große gefettete Rechteckform geben oder ein tiefes, gefettetes Backblech verwenden. Die grob zerkleinerte Nussmischung gleichmäßig darauf verteilen. Im Ofen 18 bis 20 Minuten backen, bis sich an der Oberfläche eine dünne Kruste gebildet hat.

5. Das Ganze in der Form abkühlen lassen, dann in Brownies schneiden.

Streusel-Marmorkuchen

ZUBEREITUNG: ½ STUNDE
BACKZEIT:
20 MINUTEN (STREUSEL)
+ 55 MINUTEN (KUCHEN)

Für 1 Kuchen à ca. 450 g

Schoko-Teig
60 g Sojadrink, 50 g Zucker, 1 g Salz
40 g Weizenmehl, Type 405
4 g veganes Backpulver
20 g Kartoffelstärke
12 g Kakaopulver zum Backen
10 g Mandelmehl
30 g Traubenkernöl

Vanille-Teig
Zutaten wie Schoko-Teig,
ohne Kakaopulver, aber mit
 3 g Vanille-Extrakt

Streusel
45 g Weizenmehl, Type 405
50 g Mandelmehl
50 g selbst gemachte Margarine (S. 38)
50 g Zucker
5 g Kakaopulver, zum Backen

Glasur
90 g Sojadrink, 55 g Zucker
25 g Glukosesirup, 1 g Salz
10 g Kakaopulver zum Backen
90 g vegane dunkle Schokolade
 (mind. 65 % Kakaogehalt)

Für die Form
selbst gemachte Margarine (S. 38)

1. SCHOKO-TEIG

Mit einem Schneebesen den Sojadrink mit Zucker und Salz verrühren, bis sich beides aufgelöst hat.
Das Mehl mit Backpulver, Kartoffelstärke und Kakaopulver in eine Schüssel sieben. Mandelmehl gründlich unterrühren.
Das Öl mit der Sojaflüssigkeit in einer zweiten Schüssel vermischen. Die Trockenzutaten behutsam mit einem Stielteigschaber unterziehen.

2. VANILLE-TEIG

Mit den Zutaten wie oben verfahren (ohne Kakao) und die Vanille mit den flüssigen Zutaten verrühren, bevor die Trockenzutaten dazukommen.

3. KUCHEN

Eine Kastenform (30 × 10 cm) fetten und abwechselnd die beiden Teige einfüllen, so dass eine Marmorierung entsteht.
Den Backofen auf 180 °C (Umluft) vorheizen.
Im Ofen zunächst zehn Minuten bei 180 °C backen, dann noch 40 bis 45 Minuten bei 140 °C.

4. KAKAO-STREUSEL

Den Backofen auf 180 °C (Umluft) vorheizen.
Die Streuselzutaten in der Rührschüssel der Küchenmaschine mit Flachrühreinsatz vermischen, bis ein mürber Teig entsteht.
Diesen auf einem mit Backpapier belegten Blech und 20 Minuten im Ofen backen. Nach dem Abkühlen den Teig in kleine Stücke brechen.

5. SCHOKOLADEN-GLASUR

Den Sojadrink mit Zucker, Glukosesirup und Salz in einem Topf aufkochen. Vom Herd nehmen, Schokolade und Kakaopulver dazugeben und mit einem Stabmixer zu einer glatten Masse verrühren.
Die Glasur auf 40 °C abkühlen lassen (mithilfe eines Thermometers überprüfen).

6. FERTIGSTELLEN

Den abgekühlten Kochen aus der Form nehmen und die obere Hälfte mit der temperierten Glasur übergießen. Abschließend die Streusel darauf verteilen.

Zitronenkuchen

ZUBEREITUNG: ¼ STUNDE
BACKZEIT: 55 MINUTEN

Für 1 Kuchen à 6–8 Stück

Teig
100 g Sojadrink
85 g Zucker
8 g Schalenabrieb einer Bio-Zitrone
85 g Weizenmehl, Type 405
7 g veganes Backpulver
30 g Kartoffelstärke
15 g Mandelmehl
1 g Salz
45 g Traubenkernöl
8 g Rum

Für die Form
selbst gemachte Margarine (S. 38)

Glasur
100 g Puderzucker
25 ml Zitronensaft

Garnitur
60 g kandierte Zitronenscheiben

1. Mit einem Schneebesen den Sojadrink mit Zucker verrühren, bis er sich darin aufgelöst hat. Schalenabrieb dazugeben.

2. Das Mehl mit Backpulver und Kartoffelstärke in eine Schüssel sieben. Das Mandelmehl mit Salz gründlich unterrühren.

3. In einer weiteren Schüssel Öl, Sojadrink und Rum verrühren. Die Trockenzutaten behutsam mit einem Stielteigschaber unterziehen.

4. Den Backofen auf 180 °C (Umluft) vorheizen. Eine kleine Kastenform fetten und den Teig einfüllen. Im Ofen zunächst zehn Minuten bei 180 °C backen, dann noch 40 bis 45 Minuten bei 140 °C, bis der Kuchen eine goldbraune Oberfläche hat und schön aufgegangen ist.

5. Den Kuchen aus der Form nehmen und abdecken, damit er keine Feuchtigkeit verliert und nicht hart wird.

6. Für die Glasur Puderzucker mit Zitronensaft glattrühren. Mit einem kleinen flexiblen Stielteigschaber auf dem Kuchen verteilen und diesen nochmals fünf Minuten bei 100 °C in den Backofen stellen, damit die Glasur aushärtet.

7. Den glasierten Kuchen aus dem Ofen nehmen und mit den kandierten Zitronenscheiben garnieren.

Karottenkuchen

ZUBEREITUNG: ½ STUNDE
BACKZEIT: 55 MINUTEN

Für 1 Karottenkuchen à 6-8 Stück
330 g Weizenmehl, Type 405
250 g Rohrohr- oder
    anderer Vollzucker
9 g veganes Backpulver
8 g Backnatron
5 g Salz
6 g Zimtpulver
180 g Wasser
17 g Pflanzendrink nach Wahl
125 g Sonnenblumenöl
290 g Karotten, geschält und fein ge-
    rieben (Nettogewicht: 280 g)

Für die Form
selbst gemachte Margarine (S. 38)

Garnitur
100 g veganer Frischkäse
30 g Pekannüsse

1. Das Mehl mit Rohrohrzucker, Backpulver, Natron, Salz und Zimt in der Rührschüssel der Küchenmaschine mit Flachrührereinsatz vermischen. Unter ständigem Rühren nach und nach Wasser, Pflanzendrink und Öl zugießen, bis eine glatte Masse entsteht. Nun die geriebenen Karotten untermischen.

2. Den Backofen auf 160 °C (Umluft) vorheizen.
Eine Kastenform (30 × 10 cm) fetten und etwa dreiviertel hoch mit Teig füllen.

3. Im Ofen 14 Minuten backen, dann die Temperatur auf 140 °C senken und den Kuchen noch 40 Minuten fertig backen.

4. Den Kuchen nach dem Backen aus der Form auf ein Abkühlgitter geben.
Auf den abgekühlten Kuchen den veganen Frischkäse mit einem flexiblen Stielteigschaber aufstreichen und die Pekannüsse darauf verteilen.
Wer mag, kann auch eine Nussmischung nach Geschmack dazu verwenden und die Nüsse zuvor kurz in etwas Zucker in einer Pfanne karamellisieren.

6

CREMIGE & FRUCHTIGE
TARTES & TÖRTCHEN

Feine Apfel-Tartelettes

KOMPOTT: 1 STUNDE 10 MINUTEN
ZUBEREITUNG: ¾ STUNDE
RUHEZEIT IM KÜHLEN: 8 STUNDEN
BACKZEIT: 25 MINUTEN

Für 4 Stück

Teig
40 g selbst gemachte Margarine
   (S. 38)
135 g Weizenmehl, Type 550
3 g Salz
50 g Wasser
7 g Zucker

Tourierfett
75 g selbst gemachte Margarine (S. 38)

Kompott
530 g Äpfel (2–3 Äpfel, je nach Größe)
½ Vanillestange, längs halbiert
30 g Zucker
40 g selbst gemachte Margarine
   (S. 38)

Garnitur
4 mittelgroße Äpfel
10 g Apfel- oder Aprikosengelee

1. Aus den Zutaten für den Teig einen Blätterteig vorbereiten, wie auf Seite 44 beschrieben, jedoch nur acht Stunden kühlen.

2. Für das Kompott die Äpfel schälen, einen davon beiseitelegen. Die anderen jeweils vierteln und die Kerngehäuse entfernen. Das ausgekratzte Mark der Vanille mit Zucker und Margarine in einem Topf vermischen. Die Apfelviertel und die Vanillestangen dazugeben und abgedeckt bei mittlerer Hitze köcheln lassen, dabei immer wieder umrühren. Das Kompott abkühlen lassen. Den zuvor zurückgelegten Apfel in kleine Würfel schneiden und gut mit dem Kompott vermischen.

3. Den Blätterteig drei Millimeter dick ausrollen. Aus dem Teig mit einem scharfen Messer oder einem Kreisausstecher vier Scheiben mit einem Durchmesser von zehn Zentimetern ausschneiden. Die Scheiben mit Abstand auf ein mit Backpapier belegtes Blech legen.

4. Jede Teigscheibe großzügig mit dem Kompott bestreichen, so dass sich in der Mitte ein leichter Hügel bildet.

5. Den Backofen auf 150 °C (Umluft) vorheizen. Die Äpfel für die Garnitur schälen und die Kerngehäuse entfernen. Die Äpfel längs halbieren und auf einer Mandoline mit Flachmessereinsatz in sehr feine Scheiben hobeln. Die Scheiben rosettenförmig von außen nach innen auf den vorbereiteten Tartelettes verteilen.

6. Die Tartelettes im Ofen 25 Minuten backen, bis Äpfel und Teig goldbraun sind. Aus dem Ofen nehmen und noch heiß jeweils mit Apfel- oder Aprikosengelee glasieren.

Erdbeertarte

ZUBEREITUNG: 40 MINUTEN
RUHEZEIT IM KÜHLEN: ½ STUNDE
BACKZEIT: ¾ STUNDE

Für 1 Tarte à 6–8 Stück

Bretonischer Mürbeteig
135 g selbst gemachte Margarine
   (S. 38)
65 g Puderzucker
65 g Mandelmehl
30 g Sojadrink
100 g Weizenmehl, Type 405

Für die Form
selbst gemachte Margarine (S. 38)

Konditorcreme
225 g Sojadrink
25 g Rohrohr- oder anderer Vollzucker
4 g Vanille-Extrakt
25 g Traubenkernöl
20 g Maisstärke

Garnitur
500 g Erdbeeren, gewaschen und
   geputzt
Puderzucker

1. Für den bretonischen Mürbeteig die Margarine mit Puderzucker und Mandelmehl in der Rührschüssel der Küchenmaschine mit Flachrührereinsatz glattrühren. Anschließend den Sojadrink einarbeiten. Das Mehl hinzufügen und rühren, bis ein Mürbeteig entsteht. Abdecken und eine halbe Stunde in den Kühlschrank stellen.

2. Den Backofen auf 160 °C (Umluft) vorheizen.
Den Teig auf einer bemehlten Arbeitsfläche anderthalb Zentimeter dick ausrollen.
Eine runde Springform mit 22 Zentimetern Durchmesser fetten.
Den Teig auf Größe der Form ausstechen oder -schneiden (evtl. aus dem restlichen Teig Plätzchen backen) und in die Form legen. Im Ofen eine Dreiviertelstunde backen, danach ganz abkühlen lassen und vorsichtig aus der Form lösen.

3. In der Zwischenzeit die Konditorcreme zubereiten, wie auf Seite 62 beschrieben. Auf dem abgekühlten Tarteboden so verstreichen, dass außen ein kleiner Rand frei bleibt.

4. Die Erdbeeren halbieren und rosettenförmig auf die Tarte legen. Zum Schluss mit Puderzucker überstäuben.

Zitronentarte

ZUBEREITUNG: 50 MINUTEN
RUHEZEIT IM KÜHLEN:
2 ½ STUNDEN
BACKZEIT: 20 MINUTEN

Für 1 Tarte à 6–8 Stück

Mandelmürbeteig
45 g selbst gemachte Margarine (S. 38)
30 g Puderzucker
1 g Vanille-Extrakt
1 g Fleur de Sel
25 g Mandelmehl
100 g Weizenmehl, Type 550
20 g Wasser

Für die Form
selbst gemachte Margarine (S. 38)

Zitronenglasur
110 ml Zitronensaft (aus 2 Zitronen)
75 g Zucker

Zitronencreme
150 g Rohrohrzucker, 7 g Pektin NH
200 g Zitronensaft (aus ca. 4 Zitronen)
255 g Wasser
7 g Schalenabrieb einer Bio-Zitrone
90 g selbst gemachte Margarine (S. 38)

Italienische Meringe
55 g Aquafaba oder Yumgo
   (pflanzlicher Eiweißersatz)
110 g Zucker, 35 ml Wasser

Finish
Schalenabrieb, ½ Bio-Zitrone
   und ½ Bio-Limette

1. Aus den Teigzutaten einen Mandelmürbeteig zubereiten, wie auf Seite 52 beschrieben, und abgedeckt eine halbe Stunde in den Kühlschrank stellen.
Den Teig auf einer bemehlten Arbeitsfläche drei Millimeter dick ausrollen.

2. Eine runde Springform mit 22 Zentimetern Durchmesser fetten. Den ausgerollten Teig so in die Form legen, dass er an den Wänden einen kleinen Rand bildet und mit den Fingern sanft andrücken. Den Teig mehrfach einstechen, abdecken und eine Stunde kühl stellen.

3. Den Backofen auf 180 °C (Umluft) vorheizen. Den Tarteboden darin zwanzig Minuten blind backen.

4. Für die Glasur den Zitronensaft mit Zucker zwanzig Minuten bei mittlerer Hitze einkochen, bis die Mischung stark eingedickt ist. Mit einem Löffel oder Teigschaber auf dem gebackenen Tarteboden verteilen.

5. Für die Zitronencreme Rohrzucker und Pektin in einen Topf geben. Wasser und Zitronensaft mit einem Schneebesen einrühren. Zitronenschale hinzufügen und bei mittlerer Hitze unter ständigem Rühren einkochen, bis die Mischung eindickt. Noch eine Minute ohne zu rühren einkochen, dann vom Herd nehmen.
Die Margarine dazugeben und alles zu einer glatten Creme verrühren.

6. Die Zitronencreme auf dem glasierten Tarteboden verstreichen. Einen Deckel überstülpen und mindestens eine Stunde im Kühlschrank fest werden lassen.

7. Inzwischen eine Mischung für italienische Meringen vorbereiten, wie auf Seite 56 beschrieben. In einen Spritzbeutel mit Rundtülle geben und Tupfen auf die abgekühlte Zitronencreme geben. Zum Schluss mit dem Zitrusschalenabrieb überstreuen.

Aprikosentarte

ZUBEREITUNG: 40 MINUTEN
RUHEZEIT IM KÜHLEN:
1 ½ STUNDEN
BACKZEIT: ½ STUNDE

Für 1 Tarte à 6–8 Stück

Teig
85 g selbst gemachte Margarine (S. 38)
50 g Puderzucker
1 g Vanille-Extrakt
1 g Fleur de Sel
45 g Mandelmehl
180 g Weizenmehl, Type 550
40 g Wasser

Für die Form
selbst gemachte Margarine (S. 38)

Creme
125 g selbst gemachte Margarine
    (S. 38)
105 g Puderzucker
60 g Sojadrink
155 g Mandelmehl
30 g Maisstärke
15 g Kartoffelstärke
2 g Salz
50 g vegane Pistaziencreme

Belag
10 Aprikosen, gewaschen

1. Aus den Teigzutaten einen Mandelmürbeteig zubereiten, wie auf Seite 52 beschrieben, und abgedeckt eine halbe Stunde in den Kühlschrank stellen.
Den Teig auf einer bemehlten Arbeitsfläche drei Millimeter dick ausrollen.

2. Eine runde Springform mit 22 Zentimetern Durchmesser fetten. Den ausgerollten Teig in die Form legen, einen Rand formen und gut andrücken. Den Teig mehrfach einstechen, abdecken und eine Stunde kühl stellen.

3. Eine Mandelcreme vorbereiten, wie auf Seite 58 beschrieben, und zum Ende noch die Pistaziencreme untermischen, bis die Masse eine gleichmäßige Konsistenz hat.

4. Die Mandel-Pistazien-Creme mit einem Spritzbeutel oder einem Löffel auf dem Tarteboden verstreichen.

5. Den Backofen auf 170 °C (Umluft) vorheizen.
Die Aprikosen vierteln und auf der Creme verteilen.
Die Tarte eine halbe Stunde im Ofen backen.

Tarte au Praliné

ZUBEREITUNG:
2 STUNDEN 10 MINUTEN
RUHEZEIT IM KÜHLEN:
2 ½ STUNDEN
BACKZEIT: 40 MINUTEN

Für 1 Tarte à 6–8 Stück

Teig
45 g selbst gemachte Margarine (S. 38)
30 g Puderzucker
1 g Vanille-Extrakt
1 g Fleur de Sel
25 g Mandelmehl
100 g Weizenmehl, Type 550
20 ml Wasser

Für die Form
selbst gemachte Margarine (S. 38)

Praliné-Creme
30 g ungehäutete Haselnusskerne
30 g ungehäutete Mandeln
40 g Zucker
1 g Salz

Schoko-Creme
270 g Sojadrink
220 g vegane Mandelschokolade, in
    Stücke gebrochen

Knusperkaramell
100 g ungehäutete Mandeln
100 g Pekan- oder Walnusskerne
80 g Puderzucker

1. Aus den obigen Teigzutaten einen Mandelmürbeteig zubereiten, wie auf Seite 52 beschrieben, und abgedeckt eine halbe Stunde in den Kühlschrank stellen.
Den Teig auf einer bemehlten Arbeitsfläche drei Millimeter dick ausrollen.

2. Eine runde Springform mit 22 Zentimetern Durchmesser fetten. Den ausgerollten Teig in die Form legen, einen kleinen Rand formen und gut andrücken. Den Teig mehrfach einstechen, abdecken und eine Stunde kühl stellen.

3. Den Backofen auf 180 °C (Umluft) vorheizen.
Die Tarte darin 20 Minuten blind backen.

4. Inzwischen eine Praliné-Creme vorbereiten, wie auf Seite 54 beschrieben. Die Creme mit einem Löffel oder einem flexiblen Stielteigschaber auf der vorgebackenen Tarte verteilen.

5. Für die Schoko-Creme den Sojadrink in einem Topf aufkochen. Die Schokoladenstücke in eine hitzebeständige Schüssel geben und mit der kochend heißen Flüssigkeit übergießen. Mit einem Stielteigschaber gut verrühren, bis die Schokolade geschmolzen und eine glatte Masse entstanden ist. Abdecken und eine Stunde im Kühlschrank fest werden lassen.

6. Die Schoko-Creme mit einem Spritzbeutel auf der Praliné-Creme verteilen.

7. Die Mandeln und Nüsse mit Puderzucker bei mittlerer Hitze in einer Pfanne karamellisieren. Sobald eine Bernsteinfärbung eintritt, den Karamell auf ein Backpapier geben. Mit Hilfe von zwei Gabeln darauf ausbreiten und abkühlen lassen. Zum Schluss auf der Tarte verteilen.

Vanille-Flan

ZUBEREITUNG: ½ STUNDE
RUHEZEIT IM KÜHLEN:
1–1½ STUNDEN
BACKZEIT: ¾ STUNDE

Für 1 Flan à 6–8 Stück

Teig
160 g selbst gemachte Margarine
    (S. 38)
320 g Weizenmehl, Type 550
30 g Sojadrink
80 g Wasser

Für die Form
selbst gemachte Margarine (S. 38)

Flan
480 g Pflanzendrink
150 g Soja- oder Mandelsahne
1 Vanillestange
80 g Maisstärke
124 g Rohrrohr- oder
    anderer Vollzucker

1. Aus den Teigzutaten einen Mürbeteig zubereiten, wie auf Seite 50 beschrieben, und abgedeckt eine halbe Stunde in den Kühlschrank stellen.
Den Mürbeteig auf einer bemehlten Arbeitsfläche drei Millimeter dick ausrollen.

2. Eine runde Springform fetten. Den ausgerollten Teig mit Hilfe der Teigrolle hineinlegen. Einen hohen Rand formen und gut andrücken, vor allem in den Ecken am Übergang vom Boden zum Rand. Abgedeckt eine halbe bis eine Stunde in den Kühlschrank stellen. Darauf achten, dass die Ränder nicht nach innen sinken.

3. Für den Flan den Pflanzendrink mit Sojasahne in einem Topf sanft erhitzen. Die Vanillestange der Länge nach halbieren, das Mark mit einem spitzen Messer auskratzen und samt Stangenhälften in den Topf geben. Aufkochen lassen, vom Herd nehmen und die Vanillestangen entfernen.

4. Die Maisstärke mit Rohrohrzucker in einer Schüssel vermischen. Ein Drittel der Flüssigkeit aus dem Topf zugießen und mit einem Schneebesen glattrühren. Diese Mischung zurück in den Topf geben, wieder auf den Herd stellen und unter ständigem Rühren bei schwacher Hitze zwei Minuten köcheln lassen.

5. Den Backofen auf 170 °C (Umluft) vorheizen.
Die heiße Mischung aus dem Topf auf den kalten Tarteboden geben und im Ofen eine Dreiviertelstunde backen. Der Vanille-Flan ist fertig, sobald die Oberfläche schön gebräunt ist und ein paar dunklere Flecken angenommen hat.

Meringen mit Beeren

ZUBEREITUNG: 20 MINUTEN
RUHEZEIT IM KÜHLEN: 2 STUNDEN
TROCKNUNGSZEIT: 2 STUNDEN

Für 8–10 Meringen

Französische Meringenmasse
250 g Aquafaba oder Yumgo (pflanzlicher Eiweißersatz)
500 g Zucker

Creme
510 g Haferdrink
½ Vanillestange
90 g vegane weiße Schokolade
100 g Kakaobutter

Garnitur
500 g rote Beeren, gewaschen und
   geputzt
Schalenabrieb einer Bio-Limette

1. Den Backofen auf 90 °C vorheizen.

2. Eine Masse für französische Meringen zubereiten, wie auf Seite 57 beschrieben. In einen Spritzbeutel mit Sterntülle füllen und Recht-ecke (5 × 8 cm) auf ein mit Backpapier belegtes Blech aufspritzen. Die Meringen zwei Stunden im Ofen trocken lassen.

3. Währenddessen die sahnige Creme zubereiten, wie auf Seite 60 beschrieben, und abgedeckt zwei Stunden in den Kühlschrank stellen.

4. Die Creme in einen Spritzbeutel mit Sterntülle geben und auf den Meringen so verteilen, dass dabei ein zentimeterbreiter Rand bleibt.

5. Die in Stücke geschnittenen Beeren darauf garnieren und etwas Limettenabrieb darüber geben.

Die Meringen sofort verzehren oder maximal eine Stunde im Kühl-schrank aufbewahren.

Millefeuilles

ZUBEREITUNG: 1 ¼ STUNDEN
RUHEZEIT IM KÜHLEN:
8 ½ STUNDEN
IM TIEFKÜHLFACH: ¼ STUNDE
BACKZEIT: ½ STUNDE

Für 10 Stück

Teig
70 g selbst gemachte Margarine (S. 38)
225 g Weizenmehl, Type 550
4 g Salz
85 g Wasser
11 g Zucker

Tourierfett
110 g selbst gemachte Margarine
(S. 38)

Konditorcreme
525 g Sojadrink
60 g Rohrohr- oder Vollzucker
9 g Vanille-Extrakt
60 g Traubenkernöl
45 g Maisstärke

Finish
150 g veganer Flüssigfondant
30 g vegane dunkle Schokolade

1. Aus den obigen Teigzutaten einen Blätterteig vorbereiten (siehe S. 44) und achteinhalb Stunden kühlen. Den Teig zu zwei Rechtecken (30 × 40 cm) halbieren, je drei Millimetern dick.

2. Den Backofen auf 180 °C (Umluft) vorheizen. Die Teige auf ein mit Backpapier belegtes Blech geben und mehrfach einstechen. Im Ofen eine halbe Stunde backen.

3. Währenddessen die Konditorcreme vorbereiten (siehe S.62).

4. Erkaltete Blätterteigstücke mit einem Sägemesser der Länge nach dritteln. Eines zum Glasieren beiseitelegen, die übrigen mit dem Messer in vier Zentimeter breite Streifen schneiden.

5. Schokolade und Fondant separat über heißem Wasserbad schmelzen. Fondant mit einem Spatel auf dem beiseitegelegten Rechteck verteilen. Flüssige Schokolade in einen Spritzbeutel mit feiner Lochtülle füllen, etwa 15 Längsstriche auf dem noch weichen Fondant auftragen. Oberfläche mit einem Messerrücken durch Zick-Zack-Bewegungen marmorieren. Verziertes Rechteck eine Viertelstunde ins Tiefkühlfach legen.

6. Konditorcreme mit einem Spritzbeutel auf den Blätterteigstreifen verteilen und immer zwei davon übereinander legen. Das verzierte Blätterteigstück in 4 cm breite Streifen schneiden und die Millefeuilles damit abschließen.

Galette des Rois

ZUBEREITUNG: 40 MINUTEN
RUHEZEIT IM KÜHLEN: 8 STUNDEN
FERTIGSTELLEN: ½ STUNDE
BACKZEIT: ¾ STUNDE

Für 1 Kuchen à 6–8 Stück

Teig
80 g selbst gemachte Margarine (S. 38)
270 g Weizenmehl, Type 550
5 g Salz, 100 g Wasser, 13 g Zucker

Tourierfett
130 g selbst gemachte Margarine
   (S. 38)

Zum Bestreichen
20 ml Sojadrink
4 g Zucker

Mandelcreme
70 g selbst gemachte Margarine (S. 38)
70 g Puderzucker
100 ml Sojadrink
70 g blanchierte Mandeln, fein
   gemahlen, oder Mandelmehl
50 g Maisstärke
30 g Kartoffelstärke
1 Prise Salz

1 Dicke Bohne (Brauch in Frankreich,
   optional; wer sie findet, ist einen
   Tag »König«)

1. Aus den Teigzutaten einen Blätterteig vorbereiten (siehe S. 44), acht Stunden kühlen. Auf einer bemehlten Arbeitsfläche vier Millimeter dick ausrollen. Mit Hilfe eines großen Tortenrings und scharfen Messers zwei Teigscheiben ausschneiden. Eine auf ein mit Backpapier belegtes Blech geben, gleichmäßig einstechen.

2. Sojadrink und Zucker gut aufschlagen, bis der Zucker darin aufgelöst ist. Den Rand der Teigscheibe auf dem Backpapier pinselbreit (2–3 cm) damit bestreichen.

3. Eine Mandelcreme herstellen (siehe S. 58), einen Spritzbeutel mit 8-mm-Rundtülle damit füllen. Creme auf der ersten Teigscheibe von innen spiralförmig aufspritzen (Rand freilassen!), evtl. Bohne verstecken.

4. Die zweite Teigscheibe bemehlen und um eine bemehlte Teigrolle legen. Damit vorsichtig auf der anderen Teigscheibe platzieren, die Ränder zusammendrücken.

5. Ein mit Backpapier belegtes Backblech darauflegen, den so zwischen den beiden Blechen fixierten Kuchen schnell wenden.

6. Den Backofen auf 180 °C (Ober-/Unterhitze) vorheizen. Kuchen mit der übrigen Flüssigkeit bestreichen. Mit einem kleinen Messer vorsichtig von der Mitte aus Strahlen bis zum Rand einritzen. Den französischen Dreikönigskuchen im Ofen ca. 45 Minuten backen, bis er gut aufgegangen und goldbraun ist.

Mandel-Creme aufspritzen   **Bestreichen und Einschneiden**

ANHANG

Inhaltsverzeichnis

Die Grundrezepte

Sauerteigansatz aus Weizenmehl 30

Sauerteigansatz aus Roggenmehl............... 32

Sauerteigansatz aus Reismehl 34

Sauerteig 36

Sauerteigbrot 36

Selbst gemachte Margarine 38

Einfacher Basisteig 40

Croissant-Teig 42

Blätterteig.. 44

Brioche-Teig 46

Teig für Feingebäck 48

Mürbeteig 50

Süßer Mandelmürbeteig 52

Praliné-Creme... 54

Italienische Meringen 56

Französische Meringen.................................57

Mandelcreme 58

sahnige Creme.. 60

Konditorcreme (Crème pâtissière)............. 62

Brote, Brötchen & pikantes Gebäck

Grundrezept Baguette 66

Boule (französisches Landbrot) 68

Vollkornbrot 70

Saatenbrot 72

Früchtebrot mit Körnern 74

Toastbrot...76

Toastbrot mit Körnern 78

Toastbrot mit Kurkuma 79

Matlou (nordafrikanisches Fladenbrot).........80

Challot... 82

Schwarzbrot 84

Focaccia 86

glutenfreie Kakaobrötchen 88

glutenfreie Maisbrötchen mit Kurkuma 90

Sesam-Buns 92

Tomaten-Basilikum-Stangenbrote
   (Ficelles) 94

Oliven-Stangenbrote (Ficelles) 96

Zwiebel-Stangenbrote (Ficelles) 97

Grissini... 98

Feingebäck

Croissants 102

Pain au chocolat (mit Schokolade
   gefülltes Gebäck) 104

Rosinenschnecken 106

Apfeltaschen... 108

Zimtknoten... 110

Bostock (Briocheschnitten) 112

Brioche Butchy 114

Brioche au chocolat
   (Schokoladenbrioche) 116

Babka (Schoko-Nuss-Zopf) 118

Gugelhupf.. 120

Wiener Baguette 122

Apfelgitterkuchen 124

Plätzchen, Kastenkuchen & Co

Schoko-Cookies mit Haselnusskaramell 128

Madeleines... 130

Financiers 132

Pancakes 136

Englische Muffins (Frühstücksbrötchen)...... 138

Brownies.. 140

Streusel-Marmorkuchen
   (Marmorcake mit Streuseln) 142

Zitronenkuchen (Zitronencake) 144

Karottenkuchen (Karottencake) 146

Cremige & fruchtige Tartes & Törtchen

Feine Apfel-Tartelettes 150

Erdbeertarte 152

Zitronentarte 154

Aprikosentarte 156

Tarte au Praliné 158

Vanille-Flan 160

Meringen mit Beeren................................... 162

Millefeuilles
   (Blätterteig-Cremeschnitten) 164

Galette des Rois
   (französischer Dreikönigskuchen) 166

Rezept- und Stichwortverzeichnis

Abkühlen.................................. 26
Äpfel........................**108, 124, 150**
aerobe Phase **18**
Aperitifgebäck........................... **98**
Apfeltaschen........................... **108**
Apfelgitterkuchen **124**
Apfel-Tartelettes....................**150**
Aprikosene **74, 90, 156**
Aquafaba, Grundrezept...........**12**
Arme Ritter mit Brioche **112**
Aufarbeiten des Teigs.............. **20**
Autolyse **40**

Babka **118**
Backen, Grundlagen **26**
Baguette **66**
Basilikum- Tomaten-
    Stangenbrote **94**
Basisteig, einfach.......... **66, 94–97**
    Grundrezept...................... **40**
Bassinage-Wasser..................... **36**
Beeren.................................**152, 162**
Bâtards **24**
Blätterteig.................. **108, 124,**
.............................**150, 164–166**
    Grundrezept...................... **44**
Bostock **112**
Boule **68**
bretonischer Mürbeteig **152**
Brioche
    Babka.................................. **118**
    Butchy **114**
    mit Schokolade.................... **116**
    -Schnitten......................... **112**
    -Grundteig **46**
Brötchen **88–97**
Brote **66–84**
Brownies............................... **140**
Buns **92**

Cakes .... **142 ff**
Challot.................................... **82**
Cookies mit Schokolade
    und Haselnusskaramell **128**
Cranberrys **74, 90**
Crème pâtissière,
    s. *Konditorcreme*
Cremeschnitten
    mit Blätterteig..................**164**
Croissant-Teig **102, 106**
    Grundrezept...................... **42**

Dehnen **20**
Dinkel **36, 68**
Dreikönigskuchen,
    französisch.......................**166**

Erdbeeren...........................**152, 162**

Falten **20**
Feingebäck-Teig............. **102–124**
    Grundrezept...................... **48**
Fette....................................**13**
Ficelles............................ **94–97**
Fladenbrot, nordafrikanisch **80**
Flan mit Vanille....................**160**
Focaccia **86**
Frühstücksmuffins...................**138**

Galette des Rois **166**
Gelbwurz, s. *Kurkuma*
glutenfrei **34, 88–90**
Gugelhupf **120**

Haferflocken **84**
Hanfsaat.................................. **78**
Hartweizengrieß **80, 86**
Haselnüsse **10, 54, 90,**
........................**118, 128, 140, 158**

Haselnusskaramell-
    Schoko-Cookies **128**
Himbeeren **162**

Kakaobrötchen, glutenfrei **88**
Karottenkuchen **146**
Karamell **124, 128, 158**
Karamellisierung
    beim Backen **26**
Kartoffelflocken **86**
Kekse **128–135, 140**
Knettechniken...................... **16–19**
Kokosmilch, Grundrezept **10**
Konditorcreme.........**106, 152, 164**
    Grundrezept...................... **62**
Kuchen **118–120, 124,**
...............**142–146, 152–160, 166**
Kräuter **86, 97**
Kurkuma **79, 90**

Landbrot, rund **68**
Langwirken **24**
Leinsamen **72–74, 78, 84**

Madeleines **130**
Maisbrötchen mit Kurkuma **90**
Maismehl.................................. **90**
Mandelcreme.....**110, 124, 158, 166**
    Grundrezept...................... **58**
Mandeln **10, 52–54, 58,**
........**118–120, 128, 140, 158, 166**
Mandelmürbeteig, süß **154–158**
    Grundrezept...................... **52**
Mandeldrink, Grundrezept........**10**
Margarine, Grundrezept..........**38**
Marmorkuchen mit Streuseln ..**142**
Matlou **80**

Meringen,
   italienische Masse **154**
   Grundrezept.......................... **56**
Meringen,
   französische Masse........**152, 162**
   Grundrezept..........................**57**
Milchersatz, vegan **10**
Millefeuilles **164**
Mohn **78**
Mürbeteig...............................**160**
   Grundrezept.......................... **50**
Mürbeteig, bretonisch............**152**
Muffins, englisch.....................**138**

Nüsse **10, 54, 90, 118,**
   .... **128, 140, 146, 158**
Nussmilch, Grundrezept...........**10**
Nusspaste (Praliné-Creme) **54**
Nuss-Schoko-Zopf **118**

Öle **13**
Oliven **96**

Pancakes **136**
Pavlova, s. *Meringen*
Pflanzendrinks...........................**10**
Pistazien **90, 132, 156**
Praliné-Crème.......... **118, 128, 158**
   Grundrezept.......................... **54**
Pekannüsse **10, 140, 146**
Plätzchen....................**128–135, 140**

Reifephasen von Teig ....**20 ff**
Reismehl........................**34, 88–90**
Reissauerteig **34**
Roggensauerteig **32**
Rosinen........................... **90, 106**
Rundschleifen **22**

Saaten **72–74, 78, 82–84, 98**
Saatenbrot **72**
sahnige Crème.........................**162**
   Grundrezept.......................... **60**
Sauerteig **68–70, 74–79,**
   ....**82–92, 110, 122, 138**
   Grundrezept.......................... **36**
Sauerteigansätze ....**30 ff**
Schabbat-Brote **82**
Schluss **20**
Schnecken mit Rosinen...........**106**
Schokolade **88, 104, 116,**
   .... **118, 140, 142, 128, 158, 162**
Schoko-Nuss-Zopf **118**
Schokoladenbrioche.............. **116**
Schokoladenbrownies **140**
Schokoladen-
   Blätterteiggebäck.............. **140**
Schoko-Cookies
   mit Haselnusskaramell **128**
Sesam......................**72–74, 82, 92**
Sojamilch, Grundrezept............**10**
Sonnenblumen-
   kerne................... **72–74, 78, 84**
Stangenbrote.................... **94–97**
Stockgare................................ **20**
Streusel-Marmorkuchen..........**142**
Stückgare................................ **22**

Tarte au Praliné **158**
Tartelettes mit Äpfeln.............**150**
Tartes.........................**152–158**
Toastbrot.................................**76**
   mit Körnern **78**
   mit Kurkuma **79**
Tomaten **86, 94**
Tomaten-Basilikum-
   Stangenbrote........................ **94**
Trockenfrüchte............ **74, 90, 132**

Vanille-Flan.............................**160**
Vollkornbrot............................ **70**

Walnüsse **10, 158**
Weizengrieß **80, 86, 138**
Weizensauerteig **30**
Wiener Baguette **122**

Zimtknoten **110**
Zitronen
   -Kuchen................................**144**
   -Tarte **154**
Zopfbrot.................................. **82**
Zopfkuchen **118**
Zwiebeln **97**

HINWEISE

Die Temperaturangaben dieses Buches sind in °C (Grad Celsius) angegeben. Für den Gasherd sind die Angaben des Geräteherstellers zu beachten. Die Backzeiten können je nach Backofen variieren und es ist sinnvoll, nicht nur die Zeiten im Auge zu behalten, sondern sich immer wieder optisch zu vergewissern, ob das Brot oder Gebäck evtl. schon fertig ist. Wer hier sicher gehen und künftig öfter backen möchte, der sollte seinen Backofen mit einem Thermometer ausmessen.

Die in den Rezepten angegebenen Zubereitungszeiten sind lediglich Circa-Angaben und können je nach Backerfahrung auch etwas länger dauern.

Die Mengen- und Temperaturangaben sind sehr exakt und typisch im professionellen Bereich mit standardisierten Umgebungstemperaturen und Luftfeuchtigkeiten. Sie scheinen zunächst etwas ungewöhnlich, sind aber gerade für Backanfänger*innen wichtig. Hier lohnt sich die Anschaffung einer Digitalwaage, auch ein Digitalthermometer ist hilfreich. Zur Vereinfachung kann man auch seine Standard-Tee- und Esslöffel ausmessen und diese dann verwenden (z. B. sind ein gestrichener Teelöffel 3 g Stärke oder 5 g Zucker). Mit der Zeit bekommt man – gerade bei den Brotteigen – ein Gefühl für die richtige Konsistenz des Teiges und kann dann selber nachjustieren, z. B. bei sehr hoher Luftfeuchtigkeit.

Die Mehltypen sind in Frankreich anders, wir haben die jeweils entsprechenden deutschen Mehltypenbezeichnungen dafür verwendet, die manchmal nur eine Annäherung sein können. Wer an original französische Mehle herankommt, für den halten wir zum Herunterladen auf https://hvlink.de/originalmehle-fr-vegan die Zutaten der Rezepte aus der französischen Originalausgabe bereit.

ABKÜRZUNGEN

ml = Milliliter ($^1/_{1000}$ l)
l = Liter
g = Gramm
kg = Kilogramm
cm = Zentimeter
mm = Millimeter
ca. = Circa
evtl. = eventuell

IMPRESSUM

Die französische Originalausgabe erschien 2020 als »Boulangerie végétale« bei Hachette Livre – Marabout. © für die französische Ausgabe: Marabout, Paris 2020 · © für die deutsche Ausgabe: Hädecke Verlag GmbH & Co. KG, Weil der Stadt, 2021

Printed in China 2021
4 3 2 1 | 2024 2023 2022 2021   ISBN 978-3-7750-0810-5

Fotos: Pierre Javelle · **Chefbäcker*innen:** Michaël Marchand, Alexandre Roha, Yoshimi Landemaine · **Patisserie-Chefin:** Chiharu Kaneko **Foodstyling:** Orathay Souksisavanh · **Übersetzung aus dem Französischen:** Ulrike Brandhorst · **Redaktion & Lektorat der deutschen Ausgabe:** Simone Graff · **Typografische Gestaltung der deutschen Ausgabe:** Julia Graff, Hädecke Verlag unter Verwendung der Noah (Fontfabric) und der Organum (Vintage Voyage Design Supply)

Ein verlagsneues Buch bekommt man in Deutschland und Österreich überall zum selben Preis. Die kulturelle Vielfalt wird durch die gesetzliche Preisbindung geschützt. Auf dem Land und in der Stadt, im Internet und in jeder Buchhandlung gilt der gebundene Ladenpreis.

Liebe Leserin, lieber Leser,

schön, dass Sie dieses Buch aus unserem Verlag in Ihrer Buchhandlung entdeckt, von jemandem geschenkt bekommen oder an anderer Stelle erworben haben. Hat es Ihnen gut gefallen? Dann posten Sie doch ein Bild davon oder vielleicht von Ihrem neuen Lieblingsrezept daraus mit dem Hashtag **#genussbuch** und verlinken Sie uns!
Sie finden uns beispielsweise hier: Facebook ©haedecke.verlag · Instagram @haedecke · YouTube ©haedeckeverlag · Pinterest @haedecke
Natürlich können Sie auch auf anderem Weg mit uns Kontakt aufnehmen, um uns mitzuteilen, wie Ihnen das Buch gefällt, welche Bücher Sie außerdem interessieren und was Sie sich vielleicht von uns wünschen würden. Wir freuen uns auch über Post oder eine Mail. Hat Ihnen etwas besonders gut gefallen? Haben wir evtl. eine wichtige Information übersehen, die Sie sich im Zusammenhang mit diesem Buch gewünscht hätten? Können wir Ihnen bei Rückfragen zu Rezepten behilflich sein? Oder ist Ihnen möglicherweise sonst etwas aufgefallen? Wir sind neugierig auf Ihre Meinung! Mit Ihrer Rückmeldung helfen Sie uns, noch besser zu werden:
leserservice@haedecke-verlag.de
Falls Sie gerne regelmäßig und als Allererste über Neuerscheinungen oder Neuigkeiten aus unserem Haus informiert werden möchten, können Sie sich hier bei unserem Genussletter anmelden: *hvlink.de/genussletter*